TALLER DE ARTESANÍAS

Taller de artesanías

Textos: Joaquim Chavarria
Antonella Fontana
Montserrat Gurt
Montserrat Homs i Valldeoriola
Alfredo Sánchez Pérez

Realización de los ejercicios:
Joaquim Chavarria
Eulàlia Gorriz
Montserrat Gurt
Montserrat Homs i Valldeoriola
Alfredo Sánchez Pérez

Diseño gráfico: Helena Herranz y Fontana

Diseño gráfico portada: Jordi Martínez

Fotografía:
René Martín
Nos & Soto

Tercera edición: noviembre 2002

© Parramón Ediciones, S. A., 2001
Editado y distribuido por Parramón Ediciones, S. A.
Gran Via de les Corts Catalanes, 322-324
08004 Barcelona (España)

Dirección de producción: Rafael Marfil

ISBN 84-342-2325-2

Depósito legal: B-41.045-2002

Prohibida la reproducción total o parcial de esta obra mediante cualquier recurso o procedimiento, comprendidos la impresión, la reprografía, el microfilm, el tratamiento informático o cualquier otro sistema, sin permiso escrito de la editorial.

TALLER DE ARTESANÍAS

- FLORES SECAS
- DECORAR YESO
- PAPEL MACHÉ
- MIGA DE PAN
- MOSAICO

SUMARIO

| Capítulo 1 | FLORES SECAS |

Introducción

- La composición 8-9
- Los materiales 10-13
- Herramientas y complementos 14
- La recolección 15
- El soporte 16-17

Ejercicios

- Adornos personales 18-21
- Candelabro 22-23
- Garrafa 24-25
- Bote de frutos secos 26-29
- Ramo para colgar 30-33
- Abanico 34-37
- Centro azul 38-41
- Jarrón rústico 42-45
- Cesto de mimbre 46-49
- Cuadro de caña 50-53
- Composición de pared 54-59
- Tronco 60-63
- Teja 64-67

| Capítulo 2 | DECORAR YESO |

Introducción

- Los materiales 70-73
- El color 74-75
- Técnicas 76-79

Ejercicios

- Colmillo de elefante 80-83
- Payaso 84-87
- Portarretratos 88-91
- Busto de bronce 92-99
- Apoyalibros 100-103
- Jarrón de plata vieja 104-109
- Búho de cobre 110-115
- Angelote 116-121
- Cuadro en relieve 122-125
- Busto de dama 126-129

| Capítulo 3 | PAPEL MACHÉ |

Introducción

- Los materiales 132-133
- Pasta de papel 134-135
- Papel en tiras 136
- Moldes 137-139
- Acabados 140-141

Ejercicios

- Máscara de carnaval 142-145
- Macetero 146-147
- Plato 148-151
- Alhajas 152-153
- Sol 154-159

- Tapiz de pasta prensada 160-161
- Jarrón.. 162-163
- Llavero... 164-171
- Espejo de baño 172-177
- Niña 178-185
- Globo aerostático 186-191

Capítulo 4   MIGA DE PAN

Introducción
- Los materiales 194-195
- La técnica 196-199
- El modelado 200-201
- El color 202-203

Ejercicios
- Plato decorativo 204-207
- Pájaros tropicales 208-209
- Jarrón 210-211
- Las flores
    - El lirio 212
    - La violeta 213
    - El capullo de rosa 214
    - La rosa 215-216
- Las hojas 217-219
- Composición floral 220-221
- Los marcos 222-225
- El joyero 226-229

- Servilleteros frutales 230-231
- Bol estrella 232-233
- Imanes 234-235
- Adornos de Navidad 236-237
- Un portalápices 238-241
- Bisutería 242-245
- Un móvil 246-247
- Cestillo con flores 248-253

Capítulo 5   MOSAICO

Introducción
- Los materiales 256-258
- Herramientas 259-261
- Pegamentos y aglutinantes 262
- El proceso 263-265

Ejercicios
- Mesita 266-271
- Marco redondo 272-279
- Baldosa con guijarros 280-283
- Macetero 284-287
- Jarrón 288-291
- Cenicero 292-295
- Marco rectangular 296-305
- Mural 306-315

Glosario 316-318

Adornos personales
Candelabro
Garrafa
Bote de frutos secos
Ramo para colgar
Abanico
Centro azul

La ornamentación floral ha sido una práctica habitual de todas las culturas desde la antigüedad. En nuestros días se ha convertido en una manera creativa de disfrutar del tiempo de ocio. En este capítulo aprenderá a componer ramos y centros para distintos ambientes e, incluso, a crear adornos personales. Los ejercicios que se plantean son un conjunto de sencillas propuestas, que no tienen por qué ser copiadas con exactitud. Estamos convencidos de que nuestros lectores quedarán cautivados por las posibilidades creativas que ofrece este proceso artístico.

Jarrón rústico
Cesto de mimbre
Cuadro de caña
Composición de pared
Tronco
Teja

La composición
Los materiales
Herramientas y complementos
La recolección
El soporte

Flores Secas

Adornos personales
Candelabro
Garrafa
Bote de frutos secos
Ramo para colgar
Abanico
Centro azul
Jarrón rústico
Cesto de mimbre
Cuadro de caña
Composición de pared
Tronco
Teja

Flores secas

Las flores secas constituyen, dentro del adorno floral, una especialidad con características propias. Por tratarse de composiciones destinadas a permanecer más tiempo que los ramos de flores frescas, merecen un diseño más cuidado y permiten un presupuesto más generoso. Aunque carecen de la frescura y espontaneidad de la flor fresca, admiten una variedad aún mayor de texturas y colores y están preparadas para acompañarnos durante largos meses, dando una personalidad diferente a nuestros ambientes y perfumándolos.

La composición

En la composición es importante que cuidemos el diseño. Los cuatro atributos clásicos de un diseño plástico son línea, volumen, textura y color.

Al diseñar una composición de flores secas, debemos pensar en primer lugar en la línea o silueta que le daremos. Puede tratarse de un esbelto ramo, destinado a dar relieve a un ambiente suntuoso, o de una cesta baja, apropiada para dar un toque rústico a una casa de campo. Entre estos dos extremos hay una gama de composiciones, de entre las cuales se debe elegir la más apropiada para cada ambiente.

Las texturas son posiblemente el punto fuerte de las composiciones. Los materiales que intervienen son de una enorme variedad, como veremos más adelante. A pesar de referirnos a flores secas, intervienen muchos otros elementos: hojas, tallos, piñas, frutos, espigas, corteza, etc., e incluso se pueden añadir elementos minerales como guijarros, y animales como plumas de ave, conchas, etc. Esta variedad, sabiamente combinada, produce una sinfonía de texturas ásperas y suaves, de sorprendente belleza. Las texturas son las principales responsables de que, sin saber por qué, una composición de flores secas nos sugiera un acogedor ambiente otoñal, un toque de suntuosidad o un indescriptible frescor campesino, por no citar sino algunas de las evocaciones que una textura puede crear en un observador sensible.

Finalmente, el color culmina el diseño de la composición. Es conveniente decidirse por un color dominante y tratar de jugar, a partir de los materiales disponibles, con sus distintos tonos. Los colores brillantes infundirán alegría a nuestro rincón; los ocres evocarán el otoño, con sus veladas entrañables al abrigo de los primeros fríos. Un mosaico de florecillas de plácidos colores variados sugerirá la lozanía de una pradera.

Una vez decidida la silueta de la composición, debemos ocuparnos de su volumen, de sus características en el espacio tridimensional. Las composiciones más formales buscan que todos los elementos florales se dispongan a lo largo y a lo ancho, con los pétalos de las flores y otros elementos cuidadosamente dispuestos de cara al observador. Otras composiciones tendrán un diseño más atrevido y acentuarán una diagonal o una curva, para realzar los valores de la espontaneidad o del dinamismo.

Materiales

Actualmente, los ramos llamados de flores secas no se hacen solamente con flores, tallos, frutos, raíces, conos, juncos, cortezas, etc. El proveedor de vegetales por excelencia es el prado y el bosque. La satisfacción que produce componer un ramo de flor seca escogida en el campo por uno mismo no es comparable a la de comprar los materiales en el comercio, pero para suplir la carencia de nuestros hallazgos campestres, podemos encontrar flor seca en las tiendas especializadas.

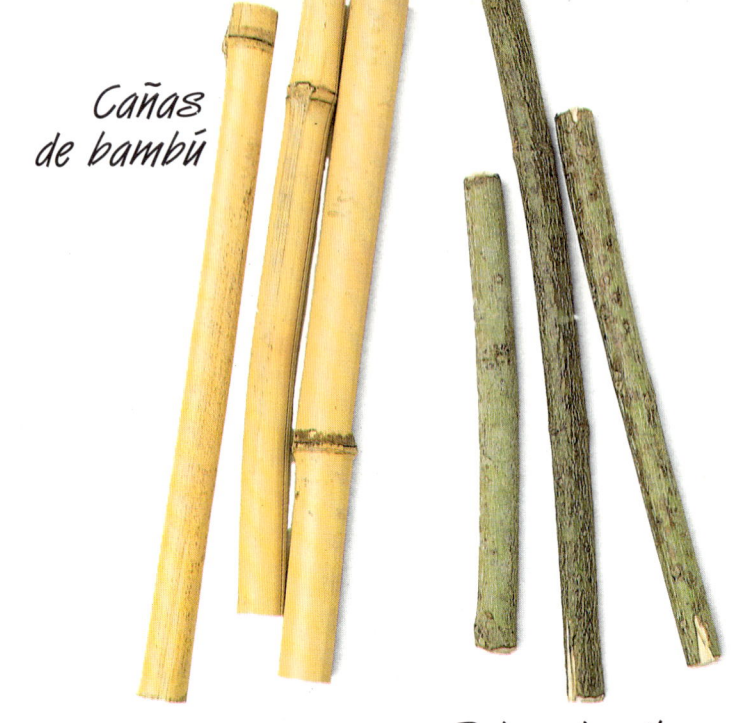

Cañas de bambú

Palos de vibruno

Al comprarlas, se presentan en bolsas, conteniendo generalmente cada una de ellas una sola especie. Se trata de vegetales secados y teñidos por profesionales, por lo que suelen ser muy bellos. La mayoría no son caros pero, como se necesitan de bastantes variedades, nos tenemos que preparar para una compra de cierta importancia.

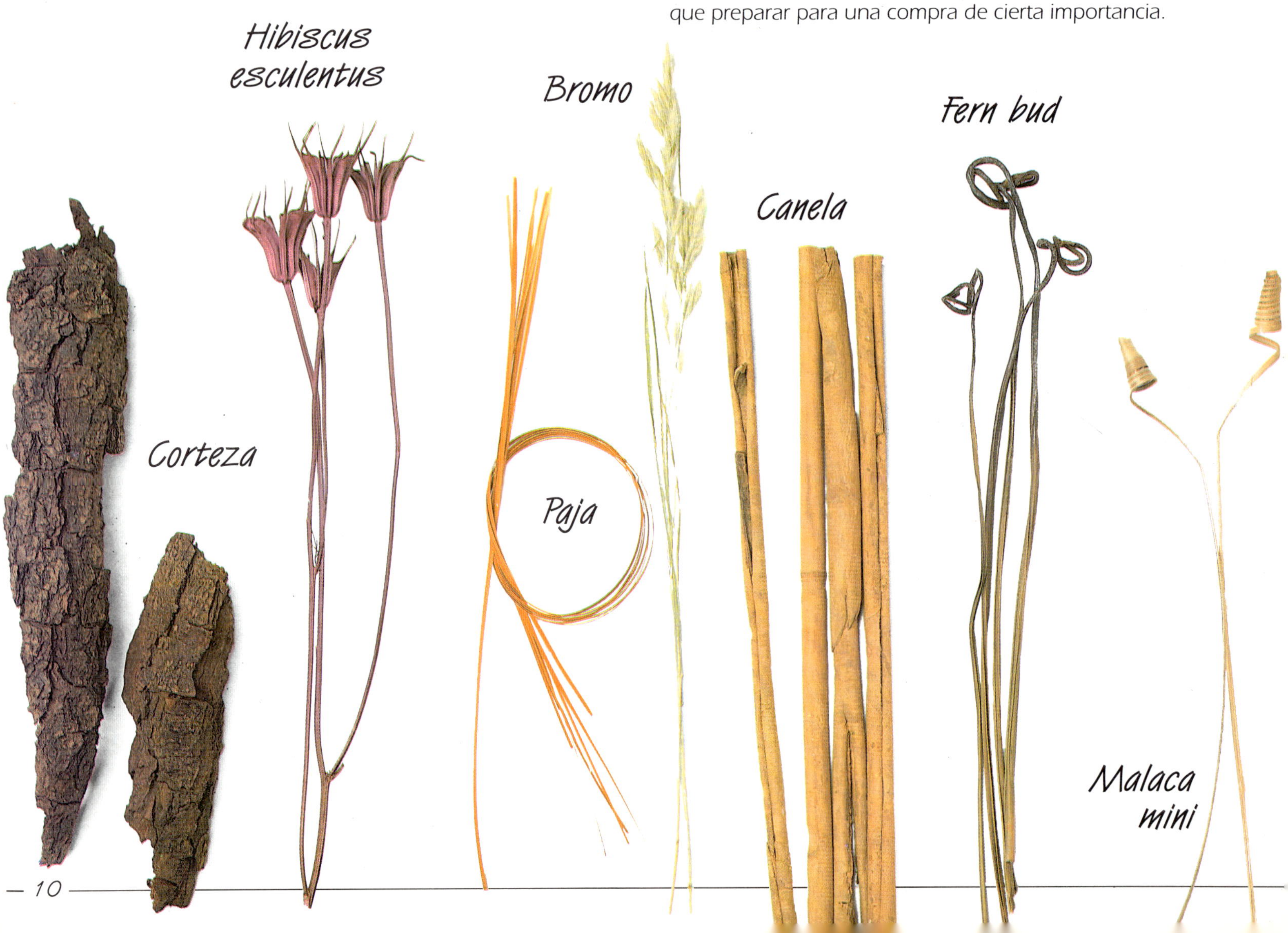

Corteza

Hibiscus esculentus

Paja

Bromo

Canela

Fern bud

Malaca mini

Bidens

Protea gel

Piña

Nelumba nucífera

Hoja redonda

Coco medio

Eucalipto

Natraj

Mimbre

Canoinha

Adormidera

Helecho cirtónico

Badam

Piña

Bakuli

En las ilustraciones adjuntas pueden verse los productos vegetales utilizados en las composiciones de las páginas que siguen. Sus nombres son poco conocidos, incluso por el personal de los establecimientos que los venden. A veces no se trata de nombres botánicos, sino de marcas comerciales que varían de un proveedor a otro. De ahí la importancia de las ilustraciones: la flor seca no se pide al dependiente por su nombre, sino que se selecciona del estante por su aspecto.

En estos establecimientos, también podemos encontrar complementos no vegetales para nuestras creaciones. Estos pueden ser, como ya hemos apuntado, plumas de ave, conchas de molusco, guijarros, etc.

Herramientas y complementos

Completan el capítulo de materiales un conjunto de herramientas y complementos cuya misión es unir y dar soporte a la obra.

Pistola de silicona

Una buena parte de las composiciones requieren que los distintos vegetales sean pegados con un adhesivo. El más cómodo es la silicona. Se adquiere en barritas y se aplica mediante calor con una pistola eléctrica. Puede encontrarse en establecimientos de manualidades y se amortiza rápidamente por el tiempo ahorrado en esperar el secado de otros adhesivos. El pegado con silicona caliente tiene, además de la rapidez, la ventaja de que la silicona tiene mucho cuerpo y atrapa, y no sólo adhiere, el objeto pegado. Hay que procurar no quemarse con ella, aunque sus quemaduras no son graves.

Moshi

Uno de los complementos más utilizados es el moshi, un bloque de material espumoso y rígido que se deja cortar fácilmente a la medida deseada y perforar simplemente hincando los tallos de las flores y espigas para que se sostengan.

Martillo y sierra

Cordel o hilo de bramante

Alambre, alicates, tijeras y cúter

Cintas

Las cintas de arpillera, de seda, etc., rematan la composición, confiriéndole un toque de elegancia y un centro de atención.

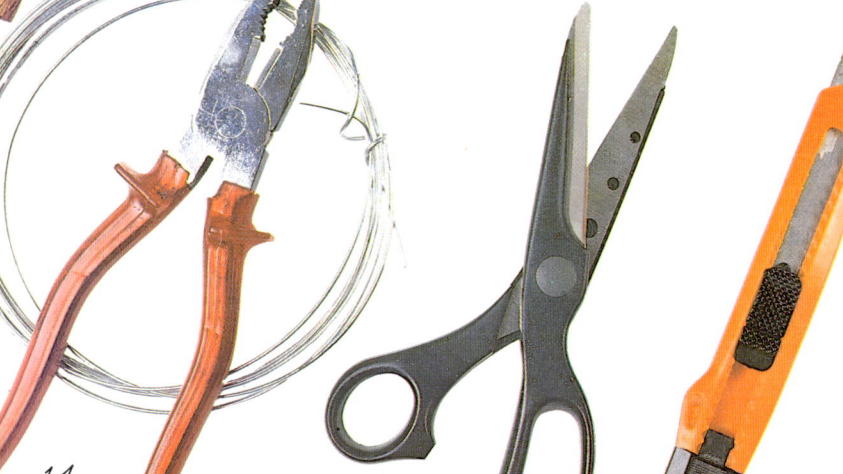

La recolección

Se puede optar por recolectar personalmente las flores, hojas, espigas y semillas, directamente del bosque o del prado. Sin duda esta tarea añadirá interés a las composiciones.

Hay que evitar cortar algunas especies de plantas que están en peligro de extinción, debido en gran parte a una recogida selectiva de especies (como por ejemplo, el acebo en Navidad, la manzanilla real, el musgo, etc.).

Para recoger flores y plantas, debemos llevar un cesto y una bolsa grande. En el cesto colocaremos los vegetales delicados, cuidando que no se aplasten. Las partes más fuertes y leñosas podrán llevarse en la bolsa.

Llevaremos también una navaja y tijeras para cortar limpiamente sólo las partes que necesitemos. De este modo respetamos la naturaleza, cargamos menos peso y producimos menos basura en casa.

El corte de las partes vegetales necesarias debe hacerse limpiamente, y los tallos deben cortarse siempre oblicuamente.

El secado

Las flores se pueden cortar en el momento de máximo esplendor y secarlas colgadas boca abajo durante varias semanas en el lugar seco y oscuro, sin ningún aditivo.

El teñido

Probablemente desearemos también teñir algunos de los vegetales recolectados. Para ello, deberemos proveernos de tintes de varios colores. Las anilinas, o los tintes textiles sirven para este fin.

Una vez secas las plantas, elegiremos cuáles de ellas deben ser teñidas y de qué colores. El tinte se preparará de acuerdo con las instrucciones del fabricante y se colocará en un recipiente, con agua, capaz de recibir las plantas a teñir.

Cuando las plantas hayan adquirido un tono más vivo del que finalmente se desea, se retiran del tinte y se dejan secar sobre papeles de periódico. Cuando ya no goteen, se colocan en un jarrón o bien se cuelgan boca abajo y se dejan secar por completo.

Los materiales así recogidos, secados y teñidos se juntarán a los que se hayan adquirido en el comercio, sin olvidar el jarrón u otro soporte.

El soporte

Finalmente, para nuestras composiciones florales, tenemos que proveernos del soporte. El más tradicional es el jarrón pero, como veremos más adelante, hay muchas más posibilidades de enmarcar nuestro trabajo. Algunas veces, el soporte está ya en casa o es un regalo reciente que queremos engalanar, por lo que éste ya no será un material del que necesitemos proveernos. El soporte de la composición floral se convierte en parte de la misma y es de una gran importancia.

Diríase que cada uno de los cuatro componentes del diseño descritos (silueta, volumen, textura y color) deben estudiarse también a propósito del recipiente o soporte. Un recipiente desproporcionado en tamaño o inadecuado en forma o material dañará seriamente el resultado estético del trabajo.

En primer lugar, el recipiente tiene que ser discreto para no distraer la atención del observador en la composición floral, que la mayoría de las veces debe ser la protagonista de la interacción estética. El tamaño tiene que ser proporcionado, tanto por motivos artísticos como prácticos.

Un recipiente demasiado pequeño puede sustentar precariamente el trabajo, amenazando con desagradables caídas. Su forma debe estar especialmente en consonancia con la silueta del diseño, puesto que el conjunto ideal es aquél en que las flores son una fluida prolongación del recipiente.

La textura impone también sus propias leyes: lo rústico pide una vasija de alfarería o un cesto de mimbre. Lo suntuoso requiere porcelanas o vasos de plata. El color admite más variedades, impuestas por la distinta naturaleza del recipiente en relación al contenido, pero en el soporte no deben usarse colores que rompan el equilibrio del conjunto.

Hablando de equilibrio, llegamos al punto más importante del diseño de una composición de flor seca. Se trata de poner en común cada una de las partes explicadas y evaluar el equilibrio que se ha conseguido entre todas ellas. Los japoneses, maestros seculares en la sutil disposición de arreglos florales, afirman que un ramo debe tener una altura mínima de una vez y media el recipiente que lo contiene. Esto es aplicable a un jarrón, pero se pueden hacer preciosas composiciones casi planas sobre un cestito o una bandeja.

Los más expertos consiguen efectos maravillosos rompiendo a veces la simetría de la composición. En todo caso, y a menos que se busquen efectos intencionados de inestabilidad, el ramo debe tener el centro visual en su centro de gravedad y, al contemplarlo, debe producir un efecto de orden, de reposo y de armonía.

Consejos prácticos

* Es importante disponer de tiempo y empezar a usarlo contemplando los materiales disponibles y clasificándolos, al menos mentalmente, por sus formas, volúmenes, texturas y colores.

* Ensayaremos sobre la mesa la armonía de estos cuatro atributos tantas veces como sea necesario para conseguir un resultado bello.

* Algunos montajes, como hincar tallos sobre el moshi, se pueden retocar con toda facilidad. Otros, en cambio, como el pegado, no admiten fácil retoque y exigen más precauciones.

* Una vez decidida la composición, se realizará por el orden más adecuado, que en general consiste en trabajar la composición de atrás hacia adelante, aunque siempre podemos cambiar el orden.

* Algunos ornamentos requieren una elaboración aparte, antes de ser colocados en su sitio.

* Cuando los materiales van pegados, su orden suele ser decisivo para un buen resultado final sin que ningún elemento quede oculto por los demás.

Adornos personales

Las flores secas permiten hacer un sinfín de pequeñas y detallistas combinaciones. Para ilustrar esta posibilidad, hemos escogido dos adornos que se pueden lucir encima, un pasador de cabello y un broche. Ambas composiciones están realizadas sobre un soporte de tela.

Necesitaremos:
* Pistola y barritas de silicona.
* Bramante.
* Pegamento líquido transparente.
* Tijeras.

Para el pasador:
* 3 vástagos jóvenes de eucalipto.
* Una ramita de brom y 2 de lino grass.
* Unas briznas de paja teñida.
* 2 flores de pino albar.
* 2 avellanas.
* Un pasador metálico sencillo.
* Un pedazo de arpillera.

Para el broche:
* Un cierre de broche.
* Cinta de arpillera.
* Un junco.
* Una rama de santa tatarica y de brom.
* Una rosa mercedes.

Pasador de cabello

Los pasadores de cabello admiten una gran variedad de materiales y formas para combinar con cada indumentaria y realzar la personalidad de cada mujer. Sin duda, un pasador con un detalle floral otorga a la persona que lo lleve un original toque de sensibilidad.

1 Se corta un rectángulo de arpillera de unos 12 x 10 cm. Para que no se deshilache, se pegan o se cosen los bordes. Una vez fijados los contornos, se plisa la arpillera por el centro y se ata con bramante.

2 Se corta la paja teñida en pedazos de unos 7 cm y se atan con bramante, formando un pequeño haz.

3 Se seleccionan las puntas de los tres vástagos de eucalipto y se pegan en el centro de la arpillera, con silicona caliente aplicada con pistola.

4 A continuación, se pegan las ramitas de brom.

5 El haz de paja teñida se despliega en forma de abanico, y se pega encima de la ramita de brom, con la pistola de silicona.

6 Se pegan las flores de pino albar en el centro del lazo.

7 Después, se pegan también las ramitas de lino grass.

8 Como último motivo vegetal se colocan y pegan las dos avellanas.

9 Finalmente, se pega el conjunto al pasador metálico, siempre con silicona caliente aplicada con pistola.

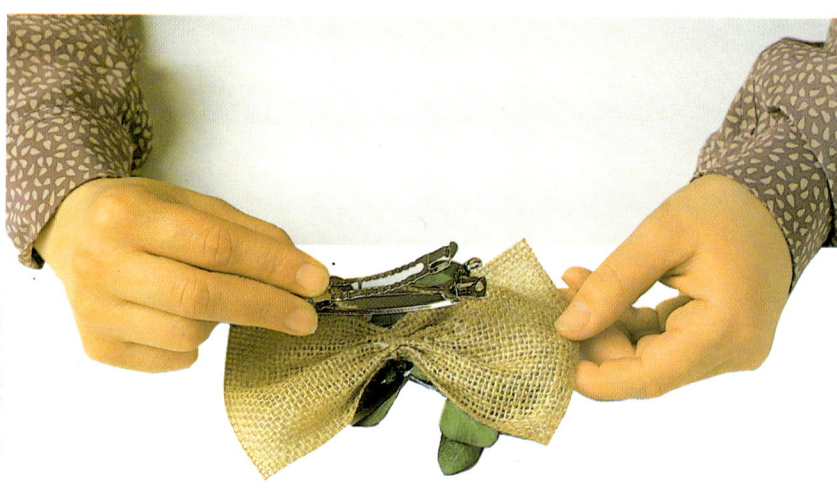

El pasador terminado.

Broche

Sigamos con las composiciones sencillas destinadas al adorno personal. Esta vez realizaremos un broche que tiene tonos dominantes rosados y rojos.

1 Se corta el junco en pedazos de unos 7 cm y se atan con bramante.

2 A continuación se cortan unos 7 cm de cinta de arpillera, se plisa por el centro atándola con bramante.

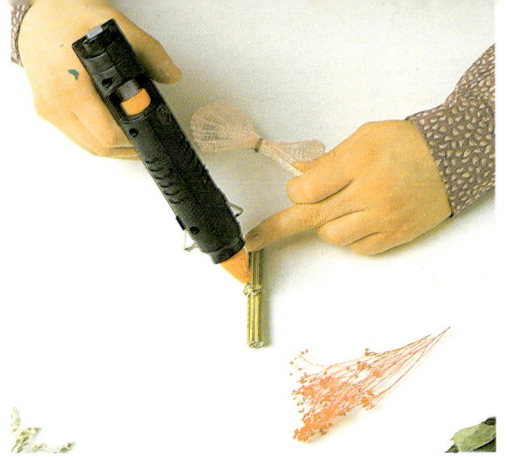

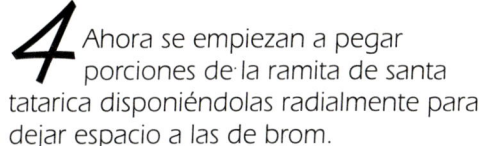

3 Se pega con silicona caliente la cinta de arpillera al haz de juncos, que quedará por debajo de la misma.

4 Ahora se empiezan a pegar porciones de la ramita de santa tatarica disponiéndolas radialmente para dejar espacio a las de brom.

5 Se preparan las ramitas de brom, para disponerlas y pegarlas desde el centro de la composición.

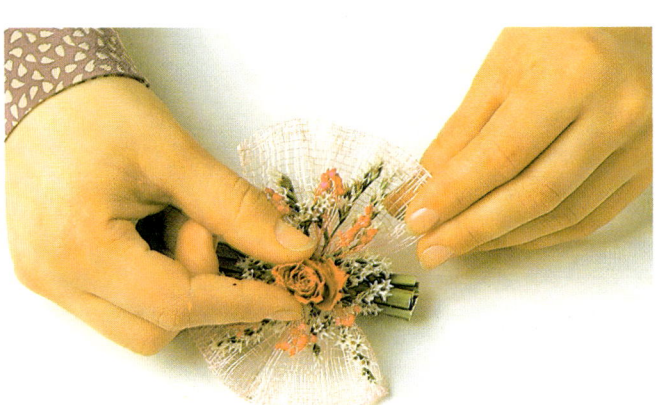

6 Se despoja la rosa mercedes de su tallo y se pega con silicona caliente en el centro del lazo.

7 Por último se pega el conjunto al cierre de broche, sujetándolo cuidadosamente con las manos, para que quede en posición correcta.

Candelabro

En el comercio se encuentran originales soportes para composiciones de flor seca. Se trata de recipientes de formas caprichosas hechos de lámina de madera moldeada y teñida. En esta ocasión decoraremos un cilindro azul, pensado para reposar tumbado sobre una superficie horizontal. Este cilindro permite alojar flores en sus dos extremos y en la abertura del centro, que además se ha aprovechado para colocar una vela y dar al conjunto la función de candelabro.

Necesitaremos:
* Un cilindro de madera moldeada teñida.
* Una espiga de sorgo.
* Ramitas de lino grass.
* 6 rosas mercedes.
* Una vela.
* Moshi.
* Adhesivo líquido.
* Tijeras y cuchillo.

1 Se cortan con un cuchillo tres pedazos de moshi de las medidas de los orificios del cilindro.

2 Se encaja el moshi en el orificio central del cilindro de madera, marcando la huella en el lugar donde irá la vela. Se continúa recortando el moshi y encajándolo en cada uno de los orificios laterales del cilindro de madera. Se unta con adhesivo por los lados antes de encajarlo en su sitio.

3 Se separan pequeños penachos de la espiga de sorgo y se clavan a cada uno de los tres pedazos de moshi.

4 Ahora se clavan ramitas de lino grass a cada uno de los tres pedazos de moshi.

5 Como muestra el paso, las rosas mercedes se clavan: una en cada extremo del cilindro, y cuatro en el orificio central.

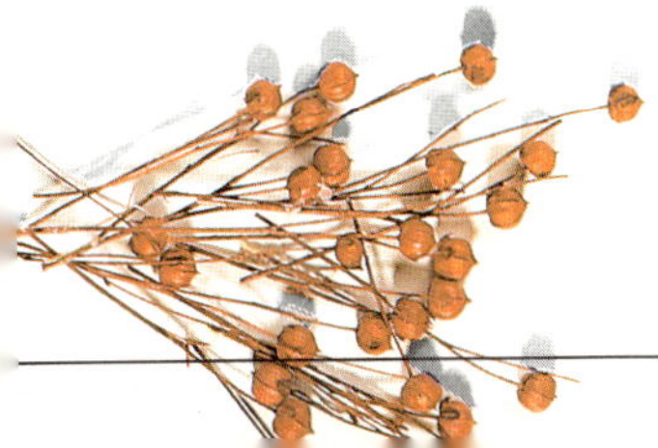

6 Finalmente, se clava la vela en el centro del orificio central.

Garrafa

El vidrio soplado es otro de los materiales tradicionales que armonizan muy bien con los adornos florales. El valor decorativo de una garrafa de este material aumenta si la coronamos con un gracioso penacho de flor seca.

1 Se cortan los tallos de mimbre a unos 85 cm.

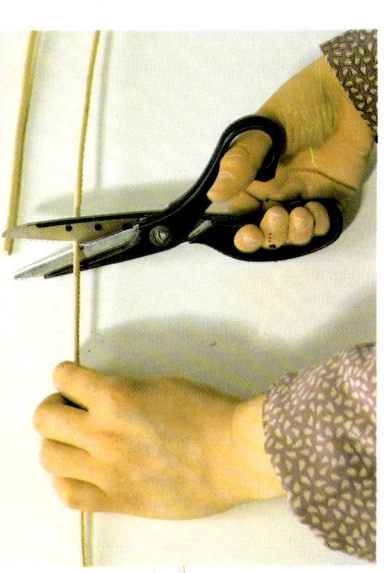

2 Se meten en la garrafa y se atan con bramante.

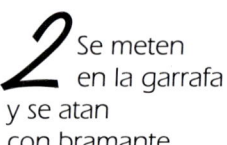

Necesitaremos:
* Una garrafa de vidrio soplado.
* Cinta de arpillera.
* 15 tallos de mimbre.
* 3 plumas de pavo real.
* 2 hojas de helecho citrónico.
* 3 luffas.
* 2 frutos de bidens.
* Bramante.
* Pistola y barritas de silicona.
* Tijeras.

3 Se introducen en la garrafa las tres plumas de pavo real: una en el centro y las otras a cada lado.

4 También en forma simétrica, se colocan las dos hojas de helecho cirtónico. A continuación se meten en la garrafa las tres luffas, tomando la medida antes de cortar el tallo y procurando que tengan diferentes alturas, para conferir un poco de asimetría a la composición.

5 Aparte, se cortan 60 cm de cinta de arpillera, se hacen dos bucles con ella y se atan con bramante.

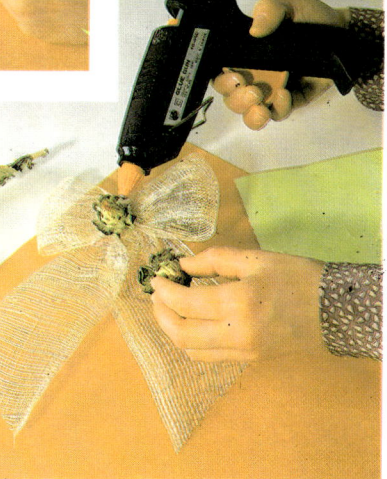

6 Sobre el lazo, se pegan los tres frutos de bidens con silicona caliente aplicada con pistola.

7 El lazo terminado se pega a la base del ramo con silicona caliente aplicada con pistola.

Bote de frutos secos

La idea que aquí presentamos insiste en el concepto estético de los vegetales secos. No sólo se usan para los fines decorativos habituales, sino que esta vez el propio soporte es un bote de vidrio que los contiene. Muy apropiado para decorar un estante de la cocina.

1 Se llena el bote con una capa de coquitos del Brasil, otra de almendras y una tercera de avellanas.

2 Para adornar la parte superior del tapón de corcho, se cubre primero con las tres hojas moeda, que se pegan con silicona caliente.

3 Con las tijeras se cortan unos 50 cm de la cinta de arpillera. Se dobla formando una letra M, se ata el centro con bramante, de modo que parezca un lazo y se le da forma.

4 Se pegan sobre el lazo las ramitas de escrofularia, con silicona caliente y se dejan secar.

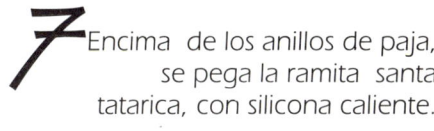

7 Encima de los anillos de paja, se pega la ramita santa tatarica, con silicona caliente.

6 Se fijan con bramante y luego se pegan al tapón.

5 Con los tallos de paja se forman dos anillos y se corta la parte sobrante con las tijeras.

Necesitaremos:
* *Un bote alto de vidrio con tapón de corcho.*
* *Una cinta de arpillera.*
* *Un puñado de coquitos del Brasil, de almendras y de avellanas, sin pelar.*
* *Tres hojas moeda.*
* *Algunas ramitas de escrofularia, brom y santa tatarica.*
* *Unos tallos de cereal.*
* *Varias espigas de bromo.*
* *Un fruto de nelumbo nucifera.*
* *Una piña.*
* *Bramante.*
* *Pistola y barritas de silicona.*
* *Tijeras.*

8 Ahora se pegan las ramitas de brom.

9 Se despojan de su tallo las espigas de bromo y se pegan una a una con silicona caliente alrededor de los demás materiales colocados sobre el tapón de corcho.

10 Se pega la piña sobre el lazo.

11 En la parte central de la composición, se pega un coquito del Brasil.

12 Se dispone, pegándolo, el fruto de nelumbo nucífera.

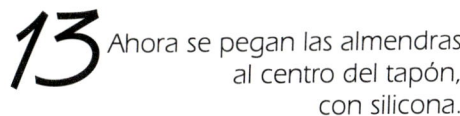

13 Ahora se pegan las almendras al centro del tapón, con silicona.

14 Se pegan tres avellanas.

15 Podemos apreciar un detalle del tapón terminado.

Ramo para colgar

No sólo las superficies horizontales del hogar pueden recibir una composición de flores secas. La que ahora realizaremos está destinada a colgar de la pared. Se trata de un sugestivo y perfumado ramo combinado sobre un haz de ramas de canela.

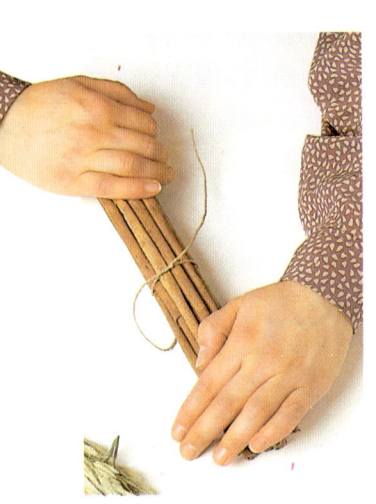

1 Se cortan las ramas de canela y se atan con bramante formando un haz. Se realiza un nudo por el cual posteriormente colgaremos el ramo y se sitúa detrás del haz de canela.

2 Se seleccionan dos vástagos de eucalipto tierno y se pegan a lo largo del haz de canela con silicona caliente.

4 Se colocan encima de la canela formando un aspa, cortando los tallos como se indica en el paso.

5 Se fija el haz en esta posición.

3 Aparte se hace un haz con cuatro espigas de bromo y se ata.

Necesitaremos:
* 14 ramas de canela de unos 30 cm cada una.
* Cinta de arpillera.
* Trenza de cáñamo.
* Vástagos tiernos de eucalipto.
* Ramas de bromo, de escrofularia y de lino grass.
* Espigas de trigo.
* Frutos de nigella.
* Tallos de hierba.
* Una protea gel.
* Bramante.
* Pistola y barritas de silicona.
* Tijeras.

6 Se hace un segundo haz con cinco o seis espigas de trigo, se pone un punto de silicona caliente y se coloca en la composición formando el aspa opuesta.

7 Se escoge y se pega una rama de lino grass en medio de los dos haces de espigas.

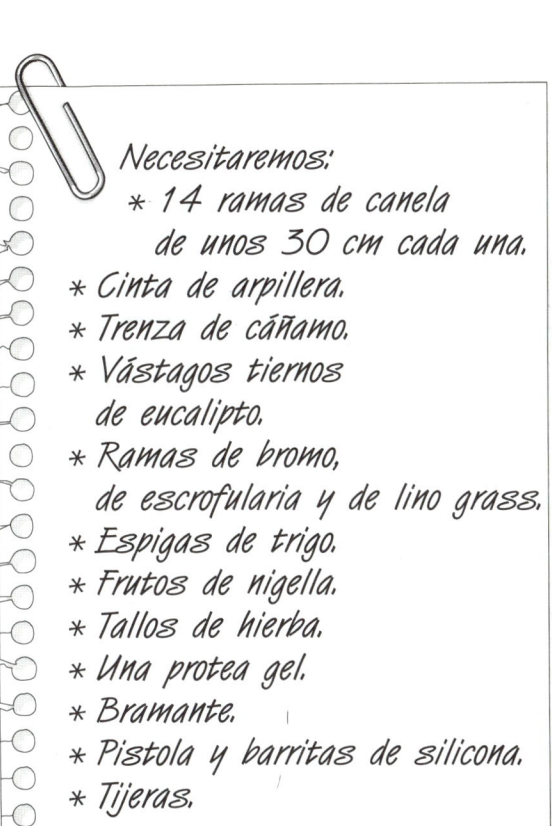

— RAMO PARA COLGAR —

— 31 —

8 Ahora se pegan encima del haz de canela cinco frutos de nigella.

9 Para preparar el lazo, empezaremos por cortar unos 60 cm de la cinta de arpillera y a doblarla sobre sí misma.

10 Se plisa la cinta de arpillera y se ata con bramante por el centro para que parezca un lazo.

11 Se enrolla la trenza de cáñamo alrededor de un dedo durante unos instantes para que adquiera forma de espiral.

12 Se cortan tres pedazos de unos 20 cm de largo y se pegan en el centro del lazo de arpillera con silicona caliente.

13 La protea gel, desprendida de su tallo, se pega por último en medio de las trenzas de cáñamo con la pistola de silicona.

14 Ahora se pega el lazo terminado al haz de ramas de canela con silicona caliente.

Abanico

Esta composición refrescante está pensada para colgar de la pared. Como soporte se ha utilizado un abanico sobre el que se han combinando hojas, espigas y flores secas, escogiendo como dominante los suaves tonos lilas, morados y violetas de los elementos vegetales.

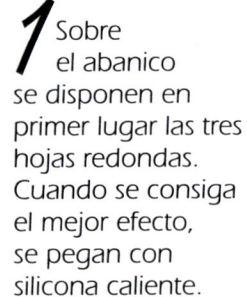

1 Sobre el abanico se disponen en primer lugar las tres hojas redondas. Cuando se consiga el mejor efecto, se pegan con silicona caliente.

2 Cortadas a la medida conveniente, se pegan las dos ramas de eucalipto microfolia.

3 Se toma la medida de las espigas de trigo, de manera que no sobresalgan demasiado del límite del abanico y se pegan con silicona caliente.

Necesitaremos:
* Un abanico decorativo de caña.
* Cinta de arpillera.
* 3 hojas redondas.
* 2 ramas de eucalipto microfolia.
* 5 espigas de trigo.
* Unos frutos de hibiscus esculentus y de nigella.
* Un ramillete de santa tatarica.
* Un beal coup.
* Un beattle ball.
* Bramante.
* Pistola y barritas de silicona.
* Tijeras.

4 Se pegan los frutos de hibiscus esculentus con la pistola de silicona caliente.

5 Se pegan ocho frutos de nigella al abanico.

ABANICO

35

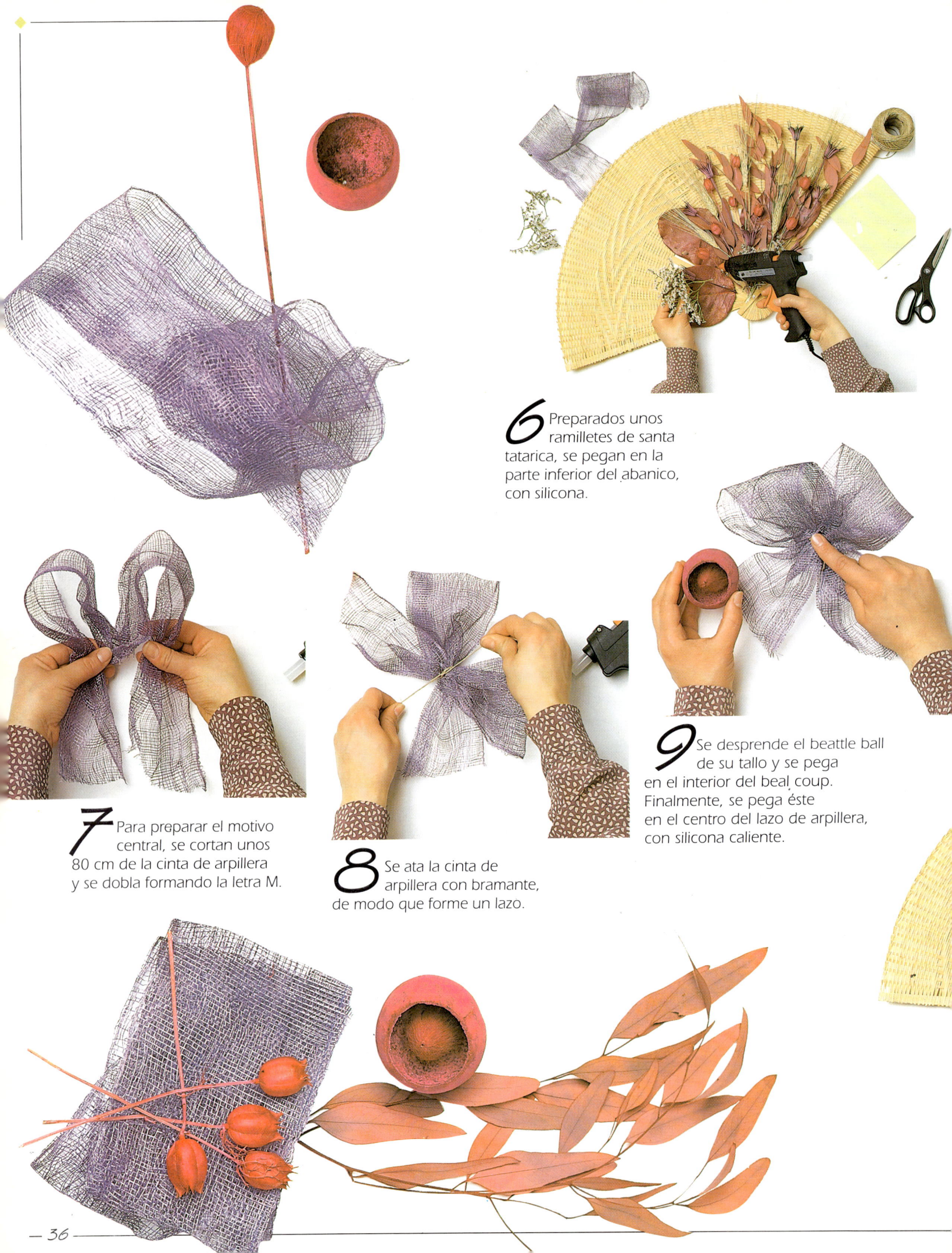

6 Preparados unos ramilletes de santa tatarica, se pegan en la parte inferior del abanico, con silicona.

7 Para preparar el motivo central, se cortan unos 80 cm de la cinta de arpillera y se dobla formando la letra M.

8 Se ata la cinta de arpillera con bramante, de modo que forme un lazo.

9 Se desprende el beattle ball de su tallo y se pega en el interior del beal coup. Finalmente, se pega éste en el centro del lazo de arpillera, con silicona caliente.

10 Por último se coloca el lazo terminado, en la parte inferior central del abanico.

Centro azul

En este capítulo presentamos una composición más clásica. Se trata de un centro realizado sobre un cuenco.

El color azul es el protagonista: los tonos azules, que predominan en toda la composición, han sido en esta ocasión elegidos para dar un toque armónico de color al lugar destinado para este centro.

Si no hallamos en el comercio los colores deseados, es el momento de ensayar el teñido.

1 Con un cuchillo o un cúter, se corta un cilindro y un cubo de moshi y se introduce el primero en el cuenco.

2 Se añade el cubo, que sirve para conferir más altura en la parte central de la composición.

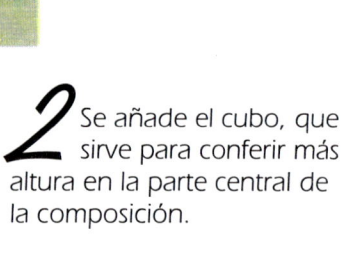

3 Por el lugar que será la parte trasera del ramo, se pinchan en el moshi las ramitas de santa tatarica necesarias para ocultarlo.

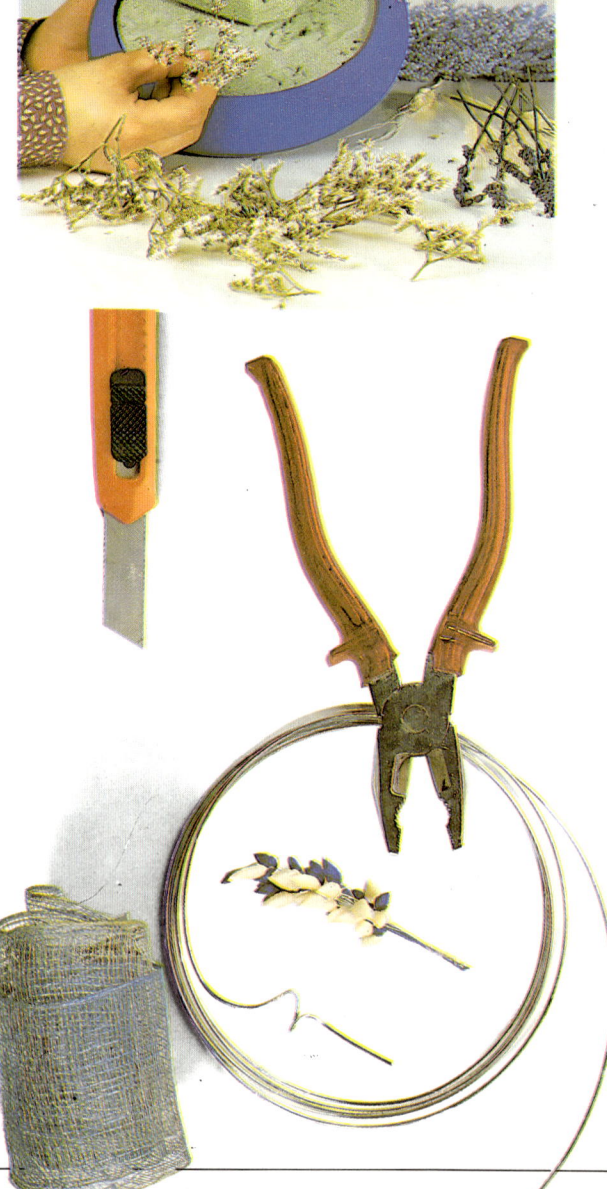

4 Se pinchan en el moshi las tres espigas de sorgo cortadas a la medida indicada.

5 Se colocan las tres espigas de lavanda seleccionadas.

6 Procederemos ahora, como en el paso anterior, con las seis espigas de trigo decoloradas.

7 Se cortan los tallos de las tres luffas y se colocan en forma de abanico.

Necesitaremos:

* Un cuenco azul.
* Cinta de rafia o arpillera azul.
* 3 espigas de sorgo.
* 6 espigas de trigo decoloradas y seleccionadas.
* 3 luffas.
* Varias ramitas de briza máxima y de santa tatarica.
* Moshi.
* Bramante.
* Alambre y alicates.
* Tijeras y cuchillo.
* Pistola y barritas de silicona.

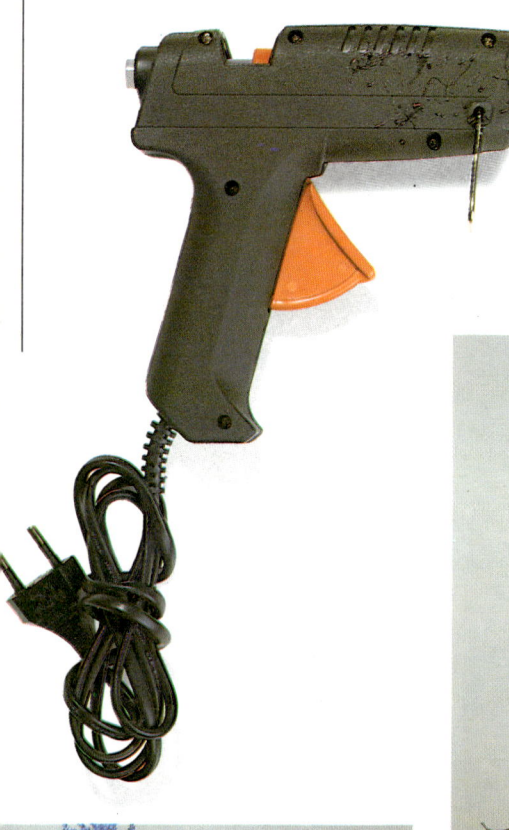

9 Se termina de cubrir el moshi con ramitas de santa tatarica.

8 Se colocan en el moshi las ramitas de briza máxima.

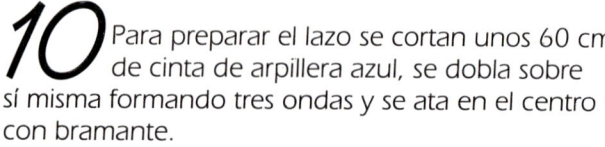

10 Para preparar el lazo se cortan unos 60 cm de cinta de arpillera azul, se dobla sobre sí misma formando tres ondas y se ata en el centro con bramante.

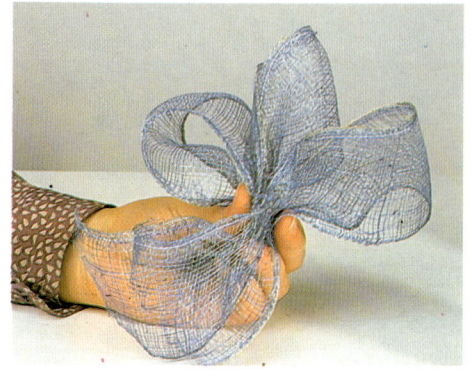

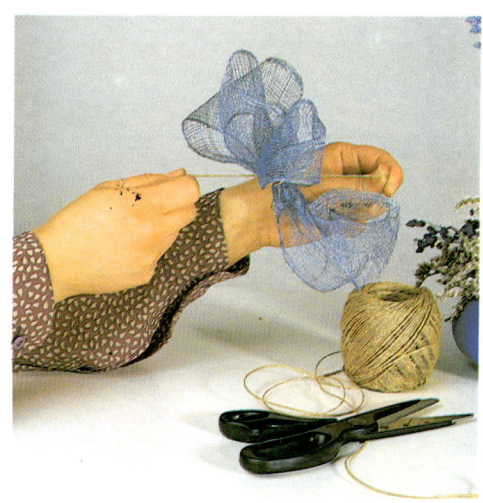

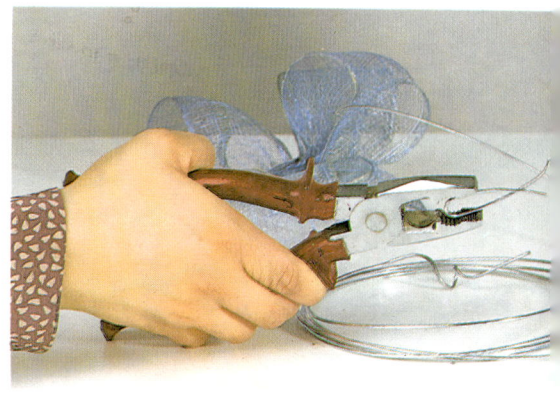

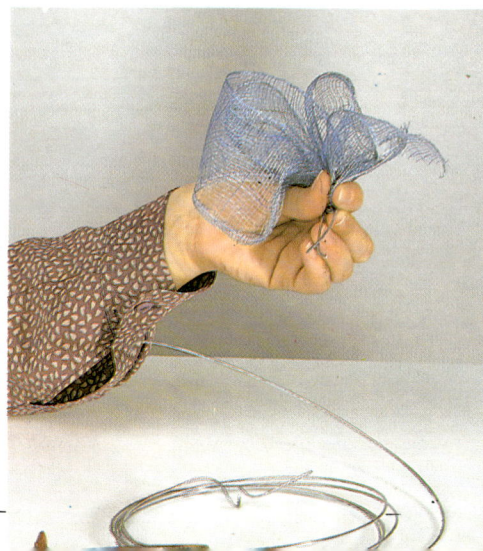

11 Con los alicates, se corta un trozo de alambre, se dobla sobre sí mismo y se pasa por detrás de la atadura del lazo.

12 Se pegan otras dos ramitas de briza máxima al centro del lazo con la pistola de silicona caliente.

13 Por último se clava el lazo adornado al moshi del jarrón.

Jarrón rústico

Algunos ambientes rústicos tienen un encanto inolvidable; aperos de labranza, guarniciones de caballerías, cántaros de alfarero, evocan un pasado de vida sencilla y materiales nobles. En un ambiente de este tipo será un detalle el jarrón de flor seca que aquí presentamos.

1 Con una sierra de mano, se corta una rodaja de tronco y las ramas de cornejo que constituirán las paredes del jarrón: 9 trozos de 31 cm, 8 trozos de 24 cm y 11 trozos de 18 cm.

2 Con el martillo y los clavos, se clavan al disco los trozos de cornejo cortados. Primero los más largos. Después, los medianos, cuatro a cada lado. Finalmente, los trozos más cortos.

Se puede apreciar el jarrón atado en sus dos niveles.

Necesitaremos:
* Una rodaja de tronco de pino de 14 cm de diámetro.
* Ramas de cornejo.
* Esparto crudo.
* Espigas de trigo.
* Rosas mercedes con tallos y hojas.
* Cuerda delgada de cáñamo.
* Moshi.
* Bramante.
* Martillo y clavos.
* Pistola y barritas de silicona.
* Sierra.
* Cuchillo y tijeras.

3 Primero se atan los trozos de cornejo en la base. Para ello, se pasa el bramante en zigzag por todos los palos. Se ata el final del bramante con su principio. Cada longitud de rama necesita su propia atadura.

4 Se corta el moshi a la medida necesaria y se introduce en el recipiente recién hecho.

5 Se coloca el esparto crudo en el moshi.

JARRÓN RÚSTICO

6
Se colocan en el moshi unas quince espigas de trigo.

7
Ahora se introducen en el moshi ocho rosas mercedes con sus hojas.

8 Aparte, se prepara el motivo que decorará el recipiente. Se dispondrán cuatro espigas de trigo en forma de haz y una rosa mercedes sin su tallo. Uniremos todo con silicona caliente.

9 Se hará un lazo con la cuerda de cáñamo.

10 Se pega el motivo terminado a la parte frontal del recipiente.

Cesto de mimbre

No podía faltar el cesto de mimbre, con su rusticidad y la nobleza de su material, realzados por una adecuada composición floral. Este tipo de composiciones, más bien bajas y de forma redonda, se llaman centros, acostumbrando a ser su lugar destinado el centro de una mesa o de una estantería.

1 Se corta el moshi a la medida del cesto y se encaja en él.

2 Se clavan ramitas de santa tatarica por doquier.

3 Se cortan las espigas de bromo a trocitos y se intercalan entre la santa tatarica.

Necesitaremos:
* Cesto de mimbre de 27cm de diámetro máximo.
* Moshi y cuchillo.
* Cinta de arpillera.
* Ramas de santa tatarica y de lino grass.
* Espigas de bromo.
* 6 frutos de bakuli.
* Espigas de trigo.
* 2 rosas mercedes.
* 3 pequeñas mazorcas de maíz.
* 3 frutos de adormidera.
* Una piña.
* Bramante.
* Pistola y barritas de silicona.
* Alambre y alicates.
* Tijeras y cuchillo.

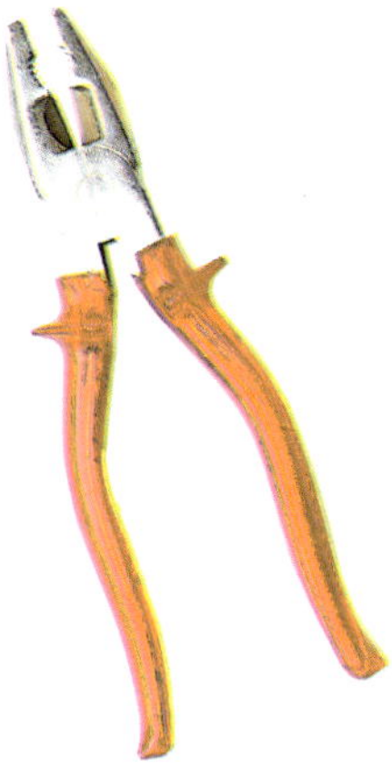

4 Se hace lo mismo con las ramitas de lino grass, cortándolas a la medida conveniente.

5 Se clavan al moshi los frutos de bakuli.

6 Se clavan al moshi, por la parte del cesto que quedará atrás, unas seis espigas de trigo.

CESTO DE MIMBRE

7 Se forma aparte un ramillete con las mejores espigas de trigo (unas cinco) y dos rosas mercedes. Se atan con bramante.

8 Hay que pasar un alambre por detrás del ramo para clavarlo al moshi, asomando por un lado del cesto.

9 Se clavan las mazorcas de maíz.

10 Ahora los tres frutos de adormidera.

11 Con unos 60 cm de cinta de arpillera se hacen dos bucles, atándolos por la mitad y pasándo un alambre por detrás del bramante. Este se clava en el moshi del cesto.

12 Se clava al moshi la piña junto al lazo.

13 Por último, se clava un ramillete de lino grass.

Cuadro de caña

Con unas cañas y un pedazo de tela metálica, vamos a crear un soporte inusual y una composición un poco atrevida.

Necesitaremos:
* Cañas de unos 25 mm de diámetro.
* Tela metálica.
* Esparto crudo.
* 5 rosas mercedes.
* Un manojo de fibra de cactus.
* Aguja de coser lana.
* Pistola y barritas de silicona.
* Bramante.
* Cúter.
* Tijeras fuertes.

1 Se cortan dos cañas de 30 cm y dos más de 50 cm y, con mucha precaución, se les abre, con el cúter, una rendija longitudinal a cada una.

2 Se corta un trozo de tela metálica de 32 x 42 cm y se desliza por las entallas hechas en las cañas.

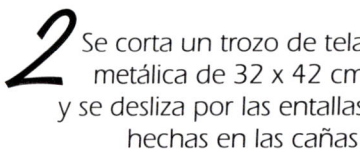

El ramo está provisionalmente sobre el marco, atado por su base.

9 Se hace un lazo con el manojo de fibras de cactus.

10 Se pega el lazo de fibra de cactus en la base del ramo con silicona caliente aplicada con pistola.

11 Se corta una tira de tela metálica de 60 x 5 cm. Se enrolla y se cose a su vez a la del marco por sus dos extremos, con alambre extraído de la propia tela metálica.

8 Se atan con bramante los extremos superiores del esparto crudo y las rosas a la tela metálica.

CUADRO DE CAÑA

Composición de pared

Este ejercicio es una sinfonía de texturas de gran rusticidad, que encajarán de maravilla en un muro rústico, rodeado de objetos relacionados con la vida campestre.

Necesitaremos:
* Una madera redonda de 25 cm de diámetro.
* Un pedazo de arpillera.
* Una raíz y 3 cortezas de tronco de árbol.
* 4 hojas de coco medio.
* Fibra de cactus.
* Espigas de sorgo, de bromo y de trigo.
* Ramitas de santa tatarica.
* 4 frutos de nelumbo nucifera y varios de adormidera.
* 3 unidades de badam, 2 de natraj, 2 luffas, 2 protea gel.
* Una mazorca pequeña de maíz.
* Moshi. Bramante. Alambre y alicates. Tijeras y cuchillo. Un gancho. Martillo. Pistola y barritas de silicona.

1 Antes de empezar, se clava el gancho a lo que será la parte posterior de la madera, para que pueda colgarse de la pared. Para el trabajo posterior, es conveniente poner un cojín que evite rayar la mesa de trabajo con el clavo.

2 Se corta un pedazo de moshi de 14 x 9 cm y se envuelve con arpillera, como muestran estos pasos.

3 Se pega el moshi envuelto en arpillera a la madera, con abundante silicona aplicada con pistola.

5 A continuación, se pegan las tres cortezas de árbol.

4 Se coloca la raíz a un lado del moshi y se pega, también con silicona, todo lo posible para que no se vaya a mover de la madera, ya que éste es el elemento más pesado de la composición.

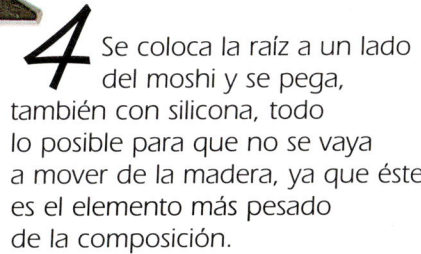

6 Se pegan ahora las cuatro hojas de coco medio.

7 Se toma un manojo de fibra de cactus para retorcerlo ligeramente y se hace con él un bucle que se fija con un alambre y se clava al moshi. Se necesitan tres bucles de fibra de cactus.

— COMPOSICIÓN DE PARED —

8 Se puede apreciar el estado de la composición hasta el momento. Después de haberle añadido dos luffas más.

9 Se clavan espigas de sorgo esparcidas por el moshi.

10 Se clavan ramitas de santa tatarica repartidas por el moshi.

11 Se desmenuzan espigas de bromo y se clavan dispersadas por el moshi.

12 Se clavan nueve espigas de trigo al moshi formando un haz.

13 Se afila el extremo de los dos natraj y luego se clavan al moshi.

14 Se clavan tres badam al moshi.

15 Se clava un primer grupo de unos cuatro frutos de adormidera al moshi.

16 Después de afilarles la punta, se clavan dos protea gel al moshi.

COMPOSICIÓN DE PARED

17
Con silicona caliente, se pega la pequeña mazorca de maíz al moshi.

18
Se clava un segundo grupo de frutos de adormidera al moshi.

19 Finalmente, se clavan los cuatro frutos de nelumbo nucifera.

COMPOSICIÓN DE PARED

— 59 —

Tronco

*Algunos trozos de leña merecen ser salvados del fuego por su belleza.
Aquí vamos a decorar uno de estos troncos para que ocupe un lugar de honor cerca de la chimenea donde estuvo a punto de arder.*

1 Se empieza por pegar las dos hojas de coco medio en la parte superior del tronco con silicona caliente aplicada con pistola.

2 Se forma un haz con los seis frutos de adormidera atándolos con bramante.

Necesitaremos:
* Un trozo de tronco de árbol.
* 2 hojas de coco medio.
* 6 frutos de adormidera.
* 3 frutos de bakuli.
* 6 espigas de trigo.
* 3 unidades de natraj.
* Fibra de cactus.
* 2 mazorcas de maíz pequeñas.
* 4 unidades de badam.
* Bramante.
* Pistola y barritas de silicona.
* Tijeras.

3 Se pegan delante de las hojas de coco con la pistola de silicona.

4 Hay que formar un haz con seis espigas de trigo, atarlas y pegarlas en la parte frontal del tronco, formando una diagonal con éste.

6 A continuación, se colocan y se pegan los tres frutos de bakuli.

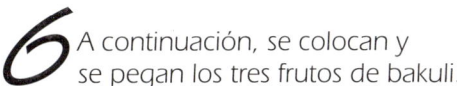

5 Se colocan uno a uno los tres natraj encima de las espigas y formando diagonal con el tronco. Se fijan con silicona caliente.

7 Se separan tres manojos de la fibra de cactus y se hacen con ellos dos o tres bucles. Se atan sus extremos con hilo de bramante, cortando a continuación la fibra sobrante.

8 Los tres bucles de fibra se fijan al tronco en distintas posiciones, siempre con silicona caliente aplicada con pistola.

9 Se disponen las dos mazorcas de maíz fijándolas por su base.

10 Por último, se colocan lo cuatro badam, por separado, pegando dos de ellos en la base del tronco, de forma que tapen los extremos de los bucles de fibra y los otros dos coronando el trabajo en lo alto del tronco.

La composición del tronco terminada.

Teja

Una teja es un soporte apropiado para ejecutar una composición, con la ventaja que, a parte de su textura rústica y sugerente, puede colocarse en distintas posiciones: horizontalmente sobre una superficie, de pie o colgada en la pared. Para este trabajo hemos elegido una teja vieja y gastada, en lugar de una nueva; de esta manera el soporte tiene más interés.

1 Se corta el trozo de moshi necesario para encajarlo dentro de la teja. Se envuelve en arpillera y se pega en la parte cóncava de la teja con silicona caliente.

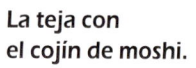

La teja con el cojín de moshi.

Necesitaremos:
* Una teja vieja.
* Esparto picado.
* 2 ramas de sorgo.
* 10 unidades de fern bud, 7 de malaca mini y 6 de canoinha.
* 10 frutos de adormidera, 3 de bakuli y 4 de nelumba nucífera.
* 2 flores de protea gel.
* Un trozo de arpillera.
* Moshi.
* Alambre y alicates.
* Tijeras.
* Pistola y barritas de silicona.

2 Se ata el esparto picado con bramante formando un haz y se recorta por ambos extremos a una longitud algo inferior a la teja. Se pasa un alambre por el bramante para clavarlo al moshi.

3 Se colocan las dos ramitas de sorgo sobre el haz de esparto picado y se pegan con silicona caliente aplicada con pistola.

4 Ahora se pegan las seis canoinhas en grupos opuestos de tres.

5 Se clavan los ferm bud al moshi de manera concéntrica.

6 Se clava la malaca mini al moshi.

7 Se clavan los frutos de adormidera al moshi, cinco por cada lado.

La composición terminada en posición vertical y horizontal.

8
Se hincan los tres bakuli.

9
Se disponen los cuatro frutos de nelumba nucífera.

10
Se clavan las dos protea gel en el centro de la composición, afilando, si es necesario, el tallo para que se claven mejor.

Colmillo de elefante
Payaso
Portarretratos
Busto de bronce
Apoyalibros
Jarrón de plata vieja

En este capítulo nos acercamos a varios de los diferentes acabados y texturas que se pueden lograr a partir de una pieza de yeso, conocido en algunos países como escayola. Éste constituye uno de los materiales más maleables y asequibles de los que puede disponer el escultor. Partiremos de unos vaciados de escayola que se pueden encontrar fácilmente en tiendas de material de Bellas Artes a un precio económico. Con unas herramientas mínimas, como pinceles, espátula, buril y lijas, y unas técnicas realmente sencillas, realizaremos unos trabajos de acabado y decoración de piezas de yeso, cuyo resultado seguramente será del agrado de nuestros lectores.

Búho de cobre
Angelote
Cuadro en relieve
Busto de dama

Los materiales

El color

Las técnicas

Decorar Yeso

Colmillo de elefante

Payaso

Portarretratos

Busto de bronce

Apoyalibros

Jarrón de plata vieja

Búho de cobre

Angelote

Cuadro en relieve

Busto de dama

Los materiales

Las creaciones que se exponen en los ejercicios de este libro, tienen el objeto de acercar al lector a algunas de las técnicas que pueden realizarse sobre las figuras de escayola. Este tipo de creaciones tienen el carácter más de entretenimiento que de técnica estricta; por ello es un tema interesante para iniciarse en la tarea creativa de las manualidades artesanas.

Conoceremos, además, cómo se deben tratar algunos materiales específicos como los betunes, los esmaltes en frío o el pan de oro y qué comportamiento tienen sobre la escayola.

Selladora

Pintura blanca que se diluye en aguarrás. De consistencia y apariencia de esmalte, sirve para tapar los poros de las piezas de escayola recién lijadas y ofrece una buena base para el pintado. En la mayoría de los ejercicios (menos los que llevan pátinas metálicas) hay que aplicar una o dos capas de este material, cubriendo enteramente la pieza y dejando secar del todo antes de empezar.

Betún de Judea

Este material se encuentra en estratificaciones sólidas del subsuelo originadas por la descomposición de materiales orgánicos. Actualmente se obtiene también como residuo de la destilación del petróleo. Se presenta en estado líquido y oscuro.

Nos será muy útil su pigmentación de tono pardo o sombra de Venecia, de bello matiz. Lo utilizaremos para oscurecer o sombrear y para envejecer las piezas de escayola, dándole un aspecto de objeto antiguo o de madera. Se diluye con aguarrás.

Cola blanca de carpintero

Es una cola de dispersión y pertenece a las también llamadas colas frías. Una cola de dispersión está constituida principalmente por una resina sintética, generalmente acetato de polivinilo, agua, alcohol de polivinilo, espesante, plastificante y materiales de relleno. Al evaporarse el agua, las micelas de la dispersión se sueldan unas con otras y dan lugar a una película dura y tenaz que permite la unión entre los materiales.

Hemos elegido esta cola como aglutinante para hacer nuestras pátinas junto con los polvos metálicos, porque es una cola que tiene una buena adhesión sobre la escayola, admite perfectamente los polvos metálicos y al secarse es incolora. Por otra parte, puede ser de uso general en todo tipo de trabajos donde el factor tiempo no es fundamental. Es muy fácil de encontrar en cualquier establecimiento del ramo o tienda especializada.

Polvos metálicos

Los polvos metálicos de cobre, bronce, aluminio, latón, etc., proceden generalmente del reciclaje de chatarras de estos materiales. También se pueden adquirir en las droguerías.

Los usamos con el aglutinante (la cola de carpintero) como base para las pátinas imitando diferentes metales.

Tierras y pigmentos

Los pigmentos que utilizamos son de color verde esmeralda, tierras oxidadas rojas y negro. Se adquieren en las droguerías o en las tiendas especializadas en pintura.

En los ejercicios, los pigmentos intervienen tanto en la composición de las pátinas metálicas, como en la fase del acabado.

Cloruro de amoníaco

Es una substancia cristalina blanca que se obtiene de saturar el ácido clorhídrico con amoníaco gaseoso.

Se presenta en forma de polvo, que se diluye en agua y se utiliza para oxidar las pátinas metálicas.

Talco

Los polvos de talco se usan al final de la pátina para obtener un matiz de antigüedad en el brillo, al frotarlos con un paño.

Cera

Utilizaremos cera blanca tanto para conseguir algunos tonos, usándola como aglutinante con los pigmentos, como para protección de la pieza.

Diluyentes

Substancias que usamos para diluir las pinturas y limpiar los pinceles.

Antes de empezar a pintar hemos de saber el tipo de pintura o barniz que vamos a utilizar y cuál es el diluyente adecuado. Según la pintura, puede ser agua, disolvente, aguarrás, o algún diluyente especial, como en el caso de los barnices cerámicos en frío.

Tarros

Tarros de cristal con y sin tapas para hacer las mezclas de pátinas, betún de Judea, limpieza de pinceles, etc.

Mixtión

Para barnizar el oro falso. También, para que el oro falso se enganche sobre una superficie, se aplica una ligera capa de mixtión, se espera que seque (hasta que las yemas de los dedos apenas se peguen) y se yuxtaponen las laminillas doradas.

Pan de oro

Es un material muy delicado, que debe ser manejado con extrema precaución. Se presenta en hojas, láminas finísimas, y puede ser de oro falso o verdadero. Es conveniente disponer de un lugar limpio y resguardado del viento o de corrientes de aire, para su aplicación, que se realiza evitando al máximo tocarlo con las manos y con la ayuda de un pincel seco. Se adquiere en las tiendas especializadas en Bellas Artes y también en algunas droguerías.

Espátulas

Usaremos también un par de espátulas de escultor, que son una especie de paletas pequeñas con bordes afilados y mango largo. Nos serán muy útiles, tanto para trabajar con ellas directamente sobre la pieza, repasando detalles o reconstruyendo partes que hayan sido afectadas por golpes, deformaciones del molde, etc., como para hacer mezclas de distintos materiales.

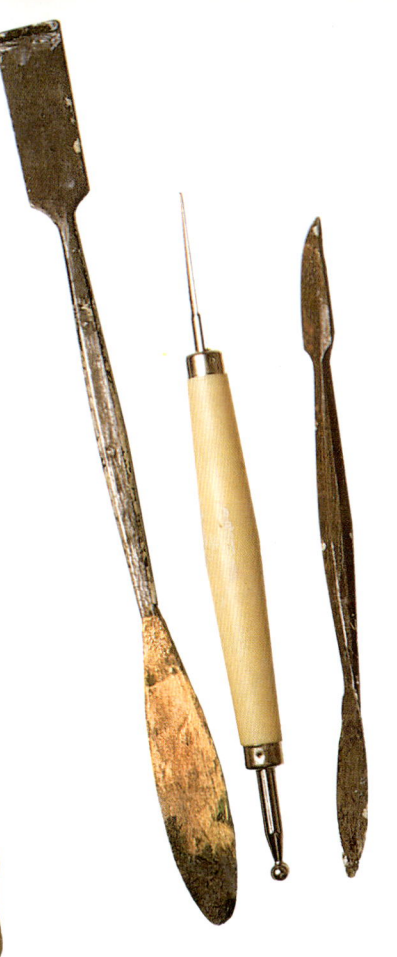

Buril

Nos servirá para repasar detalles o quitar desperfectos que aparezcan en el vaciado de escayola. Las dos extremidades del buril sirven para eliminar asperezas o accidentes, marcar las incisiones (la extremidad en punta) o redondear una superficie cóncava (la extremidad redonda).

Trapos

Es mejor que no suelten pelusa. Nos sevirán para frotar las ceras, el betún y para mantener limpios los utensilios.

Escayola

Es conveniente tener un poco de escayola en polvo para arreglar posibles desperfectos en las piezas.

Papel de lija

Para madera; ha de ser muy fino, en ocasiones, los enrollaremos sobre una madera plana para lijar recto.

De agua; estas lijas se pueden lavar y seguir utilizando, dan muy buen resultado.
Es importante dejar secar bien la pieza de escayola, una vez está lijada al agua.

El color

Además de las pátinas confeccionadas por nosotros mismos con pigmentos y cola, para el decorado de algunas piezas, también utilizaremos pinturas comerciales de distintos tipos: acrílicas, plásticas y esmaltes cerámicos en frío.

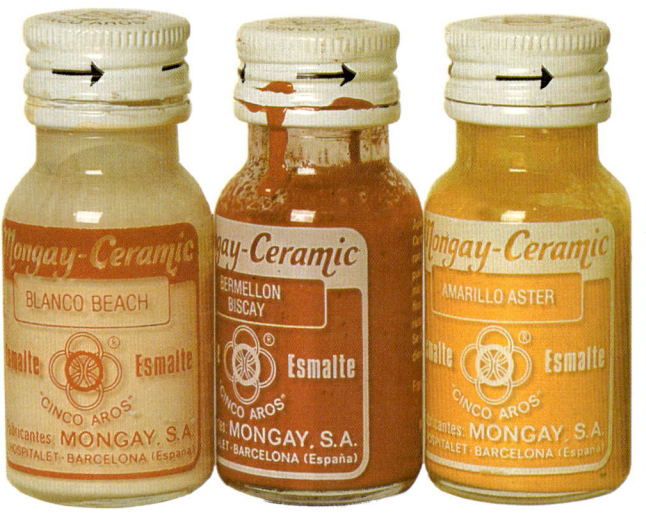

Esmaltes cerámicos

Estos esmaltes dan sobre la escayola unos acabados de auténtica cerámica. Es recomendable usarlos sin mezclar.

Acrílicos

Son pinturas a base de una resina acuosa muy brillante disolubles en agua.

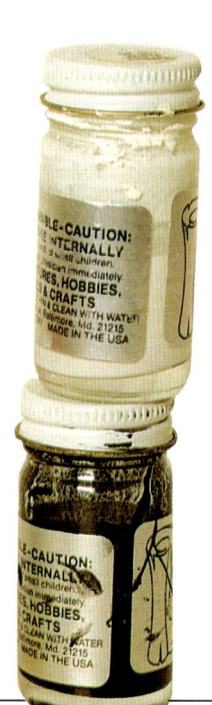

Mezclando los tres colores primarios (azul, rojo y amarillo), más el blanco y el negro, en distintas proporciones, se pueden obtener todos los colores existentes en la naturaleza.

— 74

Pinturas plásticas

A base de látex (acetato de polivinilo). Son también brillantes y disolubles en agua. De muy buena adhesión en superficies porosas como la escayola.

Brochas y pinceles

Es conveniente que tengamos un surtido de ellos: una brocha pequeña para sacar el polvo o hacer trabajos de imprimación: algunos pinceles planos de pelo duro, pinceles de pintor, de pelo blando, a ser posible de cierta calidad, para que no suelten pelos y un pincel fino del nº 0, para los detalles.

Esmalte de oro

Aunque la calidad de los dorados no es comparable a la del pan de oro, ni aun siendo éste falso, se recomienda este esmalte para los pequeños detalles por la comodidad de manejo.

* Hemos de cuidar mucho los pinceles pues, cuando se trata de pintar, son la base de un buen trabajo. Para conservarlos en buen estado hay que lavarlos bien, primero con disolvente al acabar el trabajo, procurando que no quede pintura entre los pelos de los pinceles y después con agua y jabón. Una vez escurridos, se guardarán, a ser posible, con el pelo hacia arriba. En ningún caso deben dejarse sin limpiar o sumergidos en agua o cualquier disolvente, ya que es una de las formas más comunes de que se estropeen.

Técnicas

A continuación se exponen de manera detallada y práctica las diferentes técnicas seguidas en los ejercicios, que transformarán los vaciados de escayola en serie en unas piezas únicas de alto valor artístico. Por supuesto, a partir de esta base técnica, se podrá afrontar la decoración de cualquier objeto y, poniendo un poco de imaginación, se obtendrán resultados espectaculares.

Preparación de la pieza

El método seguido en todos los ejercicios comprende una primera etapa de observación y perfeccionamiento de la pieza comprada, ya que puede tener desperfectos como burbujas, rebabas, etc.

Se examina con atención la pieza para descubrir algún desperfecto y poder corregirlo. Después se repasa ésta con el buril para perfilar mejor todos los detalles. Se lija todo con cuidado de mantener los detalles, se limpia con un pincel hasta quitar bien el polvo y, excepto en los casos en que las pátinas sean metálicas, se da una primera mano de selladora, cuidando de no dejar la huella del pincel sobre la pieza. Se espera a que esté bien seco y ya tenemos realizada la primera fase de nuestro trabajo.

Corrección de desperfectos

Golpes

Se moja la parte afectada. Se amasa un poco de escayola que se aplica con la espátula hasta reconstruir la parte dañada.

Exceso de escayola

Se quitará con el buril o con la espátula.

Roturas

Se puede utilizar cola para pegar dos superficies rotas, pero si queremos una unión invisible, es mejor usar escayola.

1 Si queremos arreglar una figura rota, nos proveeremos de agua, escayola, una espátula y un recipiente para mezclar.

2 Se mojan ambas roturas de la figura.

3 Se mezcla agua y un poco de escayola en el recipiente.

4 Cuando la mezcla empieza a fraguarse se aplica abundante escayola con la espátula y se ajustan las dos partes ejerciendo presión durante un minuto. Transcurrido un tiempo prudencial se pueden lijar las rebabas.

Pátinas metálicas

Para las pátinas utilizamos como aglutinante la cola blanca de carpintero. Añadimos distintos polvos de metal: bronce, cobre, plomo, aluminio, etc., según el tipo de pátina que queramos, y agregamos diferentes pigmentos para dar a nuestros acabados el color y los contrastes que deseemos.

Si queremos conseguir una pátina de bronce, usaremos como polvos metálicos el bronce, o, en su defecto, polvos de cobre y de estaño, que son los materiales que componen el bronce. Como tierras, el verde esmeralda, un poco de siena y una pizca de negro.

Si la pátina es de cobre, utilizamos polvos de cobre y tierra siena natural, para darle el tono rojizo que tiene el cobre.

Cuando se ha aplicado la pátina sobre la figura de escayola (dando de dos a tres capas y dejando secar cada vez), se aplica el cloruro de amoníaco (mezclado con agua) para producir una rápida oxidación, lo que dará mayor autenticidad a nuestros bronces, cobres y, en general, cada vez que usemos pátinas metálicas.

Se frota después la figura con ceras y pigmentos para dar el tono que se desea y, finalmente, con polvos de talco, para dar una agradable sensación de tiempo en la pieza acabada.

Pincel seco

Con este sistema lograremos dar luminosidad a nuestros motivos pintados.

La técnica de pintar con pincel seco consiste en coger pintura con el pincel, generalmente siempre de un tono más claro al color anterior, y antes de aplicarlo a la figura, descargar casi toda la pintura sobre un trapo, y pintar con la poca que queda impregnada entre los pelos del pincel. Aplicaremos esta poca pintura, casi nada, suavemente sobre la pieza, en sentido inverso al motivo. Por ejemplo, si las hendiduras de las hojas son en sentido vertical se aplicará de derecha a izquierda y si las hendiduras son horizontales, se pintará de arriba a abajo.

Una vez utilizados, se limpian bien los pinceles, pues se secan con rapidez y se dañan fácilmente.

Esmaltes en frío

Para pintar con los esmaltes cerámicos, sólo nos queda decir que es conveniente dejar "caer" la pintura del pincel (de pelo blando), en vez de arrastrarlo sobre la superficie que hay que pintar.

Se puede fácilmente eliminar un error o aclarar una zona pasando un pincel embebido en disolvente especial para este tipo de pintura, e incluso pueden crearse bellos efectos con esta técnica (diluyendo la pintura) directamente sobre la pieza.

Es importante que el color conserve el aspecto limpio y fresco.

SEGURIDAD E HIGIENE:

* Debemos poner especial atención a los esmaltes cerámicos, que suelen ser inflamables; Muy inflamables son también los disolventes que se usan con los esmaltes cerámicos.

* Como norma general, no dejaremos los materiales ni las herramientas al alcance de los niños.

* Por otra parte pondremos especial atención a la hora de manipular los polvos metálicos para que no queden partículas en el aire que luego hemos de respirar.

Aplicación de la cera con los pigmentos

Para enriquecer el acabado, a veces se aplica una capa de cera teñida con los pigmentos.

Se mezcla ligeramente la cera con el pigmento, directamente sobre el plato o la paleta, con la ayuda del pincel, y luego se aplica sobre la superficie que nos interese.

Con el pincel de cerda dura cargado de cera y pigmento se dan golpecitos sobre la pieza, manteniendo el pincel perpendicular a la superficie y ejerciendo la presión necesaria para que la cera entre en todos los rincones. Una vez terminada la aplicación, se procede a eliminar los excesos con un paño, frotando enérgicamente.

Colmillo de elefante

En este ejercicio no nos será difícil conseguir imitar las calidades características del marfil. Bastará elegir un objeto que ya nos acerque a este material, una talla china sobre un vaciado representando un colmillo de elefante. Se preparará resaltando los detalles con el buril o la espátula, se lijará, se sacará el polvo con un pincel, se darán un par de manos de selladora, cuidando que no quede ninguna parte sin aplicar. Daremos después una mano de color marfil y, ayudados del betún de Judea, el aguarrás y la cera, terminaremos de hacer esta extraordinaria imitación del marfil.

1 Después de observar los posibles desperfectos de la pieza, se perfilan los motivos con el buril o la espátula.

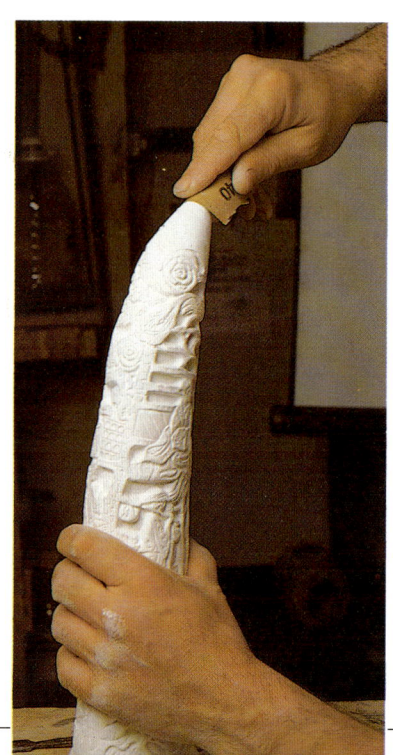

2 Se lija con mucha precaución para mantener todos los detalles.

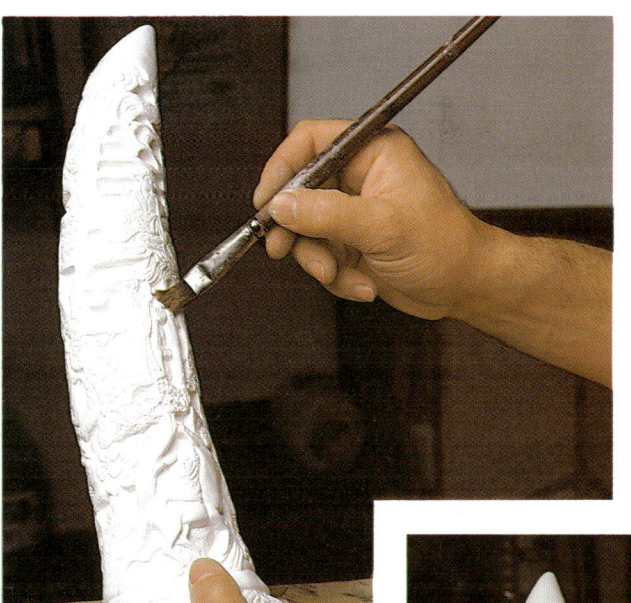

3 Se saca el polvo de toda la pieza con la ayuda de un pincel fino, insistiendo, sobre todo, en las incisiones.

4 Se pone selladora en toda la pieza con cuidado de que no quede ninguna parte sin recubrir para que luego no queden zonas opacas. Una vez seca la selladora, se da una segunda mano.

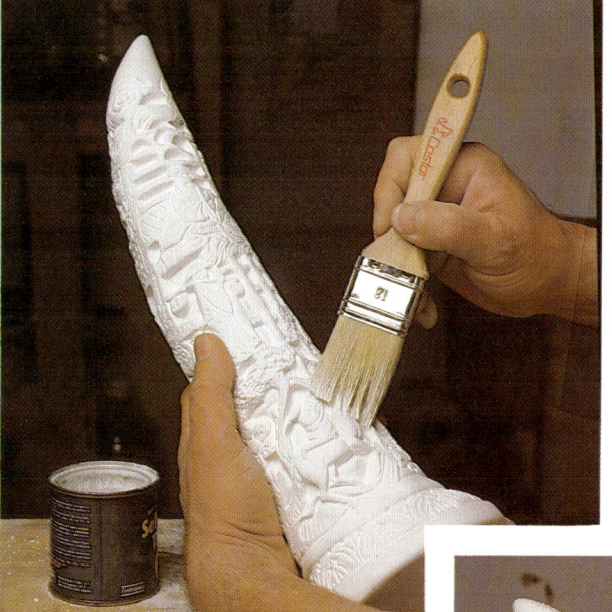

Necesitaremos:
* Vaciado en escayola de una talla china sobre colmillo de elefante.
* Selladora.
* Aguarrás.
* Pintura plástica color marfil.
* Betún de Judea.
* Cera blanca.
* Buril o espátula.
* Lija.
* Pinceles.
* Trapo.

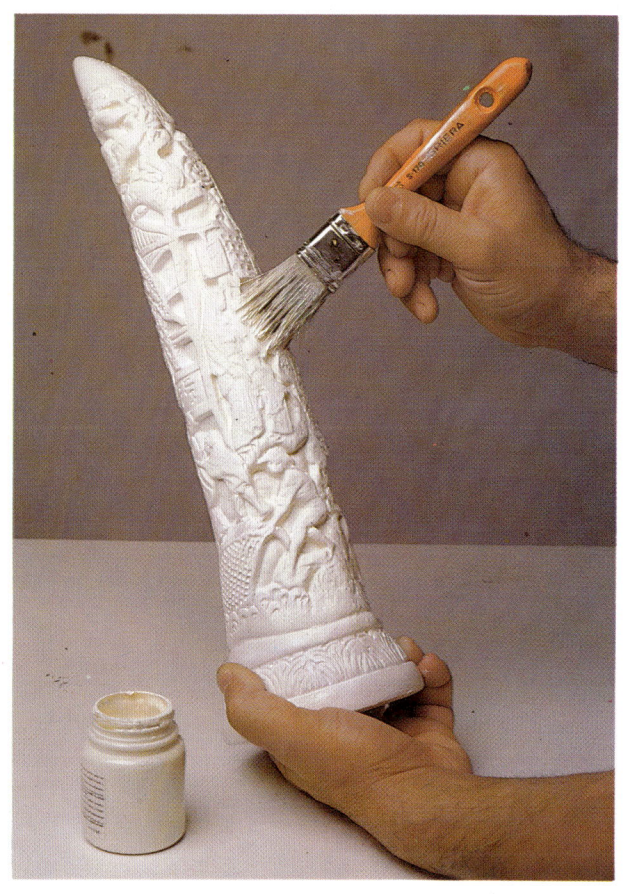

5 Se pinta con pintura plástica color marfil, dando toquecitos con el pincel, para que la pintura penetre en todos los orificios del vaciado de escayola.

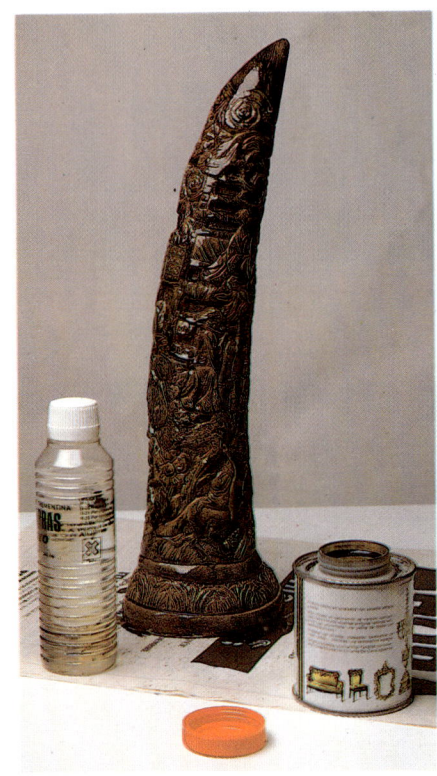

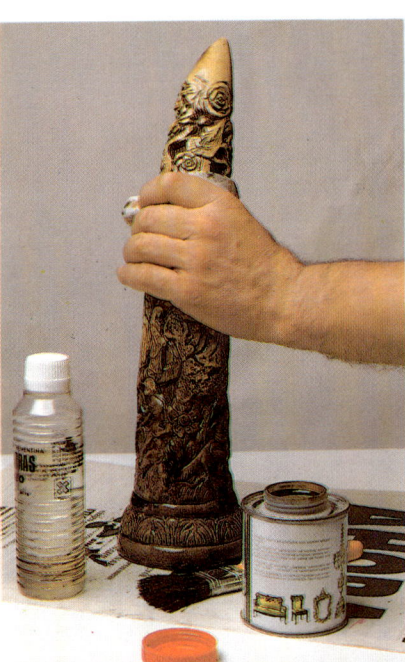

6 Cuando la pintura esté seca, se da una mano de betún de Judea a toda la pieza y se limpia un poco por fuera con un trapo.

7 Se limpian los huecos con un pincel y aguarrás y se termina de limpiar bien con el trapo.

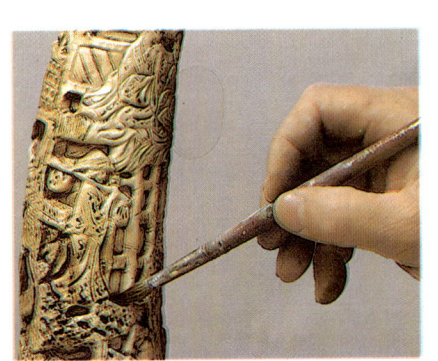

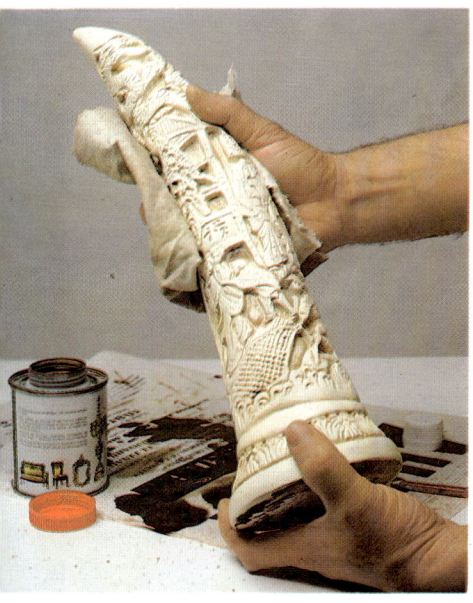

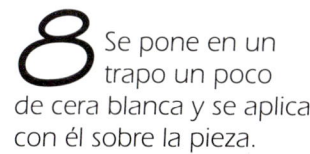

8 Se pone en un trapo un poco de cera blanca y se aplica con él sobre la pieza.

9 Se frota bien con el trapo, especialmente en las zonas que queramos resaltar con brillo y se da el trabajo por terminado.

Payaso

Para decorar este simpático payaso usaremos pintura plástica a base de látex, básicamente de colores vivos: rojo, amarillo, azul y negro. Su realización es bastante sencilla, pero el acabado es resultón y vistoso, muy apropiado para una habitación infantil.

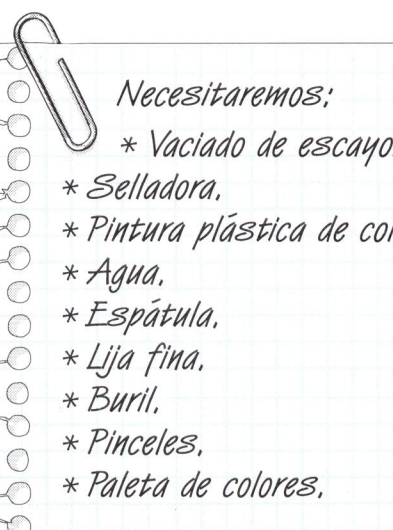

Necesitaremos:
* Vaciado de escayola.
* Selladora.
* Pintura plástica de colores.
* Agua.
* Espátula.
* Lija fina.
* Buril.
* Pinceles.
* Paleta de colores.

1 Se arregla la figura de escayola, lijando con lija fina las partes que puedan tener imperfecciones y repasando con buriles los detalles, para destacarlos.

2 Cuando demos por finalizado el arreglo de la figura, quitaremos bien el polvo formado, con ayuda de una brocha seca.

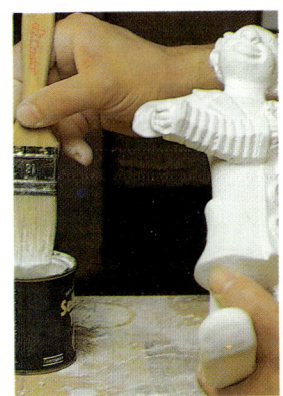

3 Se dan dos manos de selladora por toda la superficie, dejando secar la figura entre cada una, procurando no dejar huellas de pincel y que no quede ninguna parte sin recubrir, porque luego se convertirían en zonas opacas.

Se puede observar la preparación de la mesa de trabajo: colores, paleta, pinceles, agua...

4 Se comienza a pintar, primero las zonas grandes. Aunque se utilizan básicamente colores puros, es recomendable disponer un poco de cada color en una paleta, para hacer las mezclas necesarias con comodidad, por ejemplo el rosa claro de la piel.

5 Se van pintando detalles: los botones negros, el pelo marrón, la boca y la nariz de rojo, las rayas de la camiseta azules.

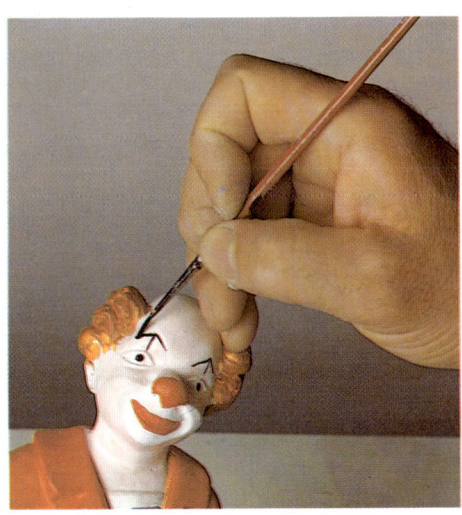

7 Con un pincel fino se perfilan los ojos.

8 Se pintan los calcetines de marrón y las secciones de acordeón, cada una de diferente color.

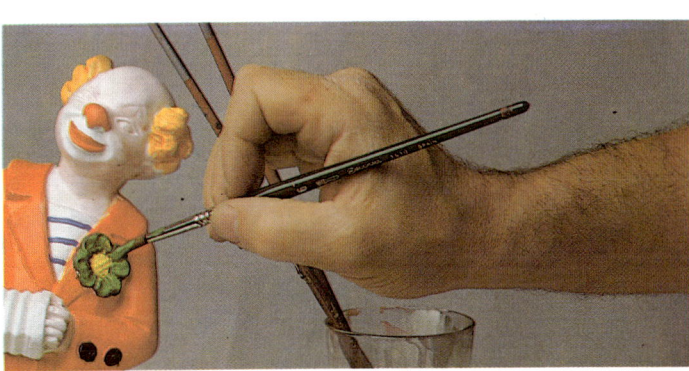

6 Se pintan los pétalos de la flor de verde y el centro de amarillo.

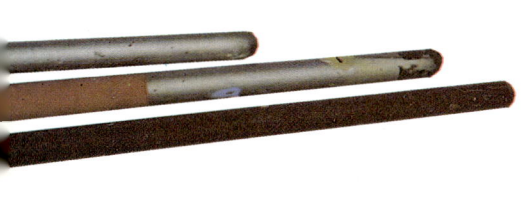

Portarretratos

En este ejercicio haremos una imitación cerámica sobre un marco de escayola, que nos permitirá disponer en poco tiempo y por muy poco dinero de un bonito portarretratos. Hemos elegido un marco con motivos florales y cenefas que decoraremos con esmaltes cerámicos en frío.

1 Se observa con atención la pieza para poder arreglar cualquier pequeño desperfecto.

2 Se repasan los motivos con el buril.

3 Se lija para dejar la superficie bien fina, cuidando de mantener todos los detalles y se saca el polvo con un pincel seco.

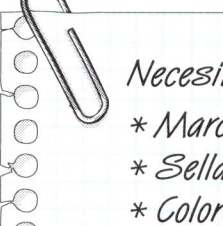

Necesitaremos:
* Marco de escayola.
* Selladora.
* Colores cerámicos en frío.
* Diluyente.
* Esmalte dorado.
* Lija al agua.
* Buril.
* Pinceles.

4 Se pone selladora por toda la superficie, procurando no dejar huellas de pincel; cuando seque, se da una segunda mano. Se deja secar.

5 Se empieza a pintar el fondo con color cerámico rosa, dejando "caer" la pintura del pincel.

6 Se diluye el color azul con el diluyente para colores cerámicos, hasta conseguir que el color sea más transparente y cubra menos. Con pincel de lengua de gato o fino se pinta la franja diagonal.

7 Se diluye también el verde claro y se pintan las hojas y tallos del motivo floral que corona el portarretratos.

8 El rojo se aplica diluido sobre la flor, dando más de una capa para crear un efecto de transparentes veladuras.

9 Si es necesario, se quita un poco el color en la flor, con el pincel mojado en diluyente, con la finalidad de conseguir darle volumen.

10 Se pintan los bordes de la cinta azul con esmalte dorado y la ayuda de un pincel fino y preciso.

Busto de bronce

Para este ejercicio hemos elegido un busto del violoncelista y compositor Pau Casals, nacido en el Vendrell (Tarragona) en 1876 y muerto en San Juan de Puerto Rico en 1973 y cuyo arte fue todo claridad y sentimiento.

Del mismo modo que aquí hemos dignificado este personaje, trabajando la pieza para convertirla en un viejo busto de bronce, con los brillos, tonalidades y óxidos de este metal, se podrá homenajear con este método, cualquier figura del personaje de nuestras preferencias.

Necesitaremos:
* *Busto de escayola.*
* *Dos pinceles.*
* *Pigmentos siena, verde esmeralda y negro.*
* *Polvos de bronce.*
* *Cloruro de amoníaco y agua.*
* *Cola de carpintero.*
* *Cera incolora.*
* *Pincel y brocha.*
* *Polvos de talco.*
* *Espátula y buril.*
* *Lija fina.*
* *Trapo.*

2 Se lija con precaución toda la superficie y se saca el polvo con una brocha.

1 Se perfilan los motivos con el buril; para las partes redondeadas, se puede emplear la punta redonda del buril. Con la punta del buril, se perfilan los intersticios más finos (boca, ojos, arrugas, etc...).

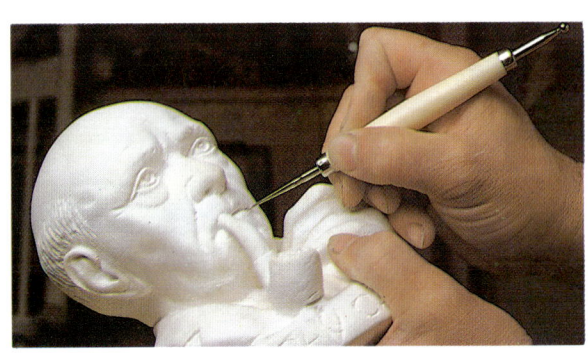

Materiales necesarios para la realización de la pátina de bronce. De izquierda a derecha: polvos de bronce, pigmentos siena, verde esmeralda y negro, cloruro de amoníaco, cola de carpintero, brochas y un bote para hacer la mezcla.

3 Para hacer la pátina primero se pone la cola de carpintero en un bote limpio.

4 Se añade polvo de bronce.

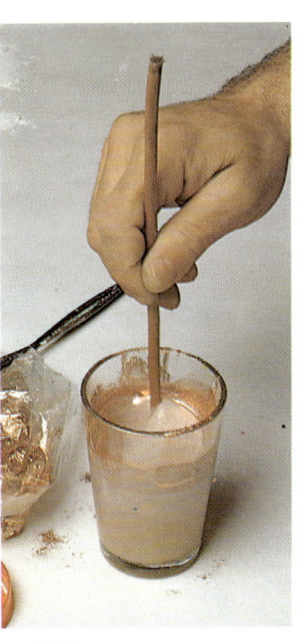

5 Se remueve con un bastoncito hasta que la cola pierda el color blanquecino.

6 Luego se añaden las tierras según el color que se desee, en este caso primero, pigmento verde y después tierra siena.

BUSTO DE BRONCE

7 Se remueve bien y se aplica sobre la figura, dando unos toquecitos con el pincel de cerda dura sobre la superficie de la figura, dejando una textura. Una vez se ha dado la primera mano, se deja secar bien y se procede a dar una o dos manos más, dejando secar bien entre una y otra.

Ahora nos disponemos a oxidar la pieza con cloruro de amoníaco.

8 Ahora se disuelven dos cucharaditas de cloruro de amoníaco en un vaso de agua, removiendo con un bastoncito.

9 Se aplica esta solución sobre la figura, para provocar su oxidación.

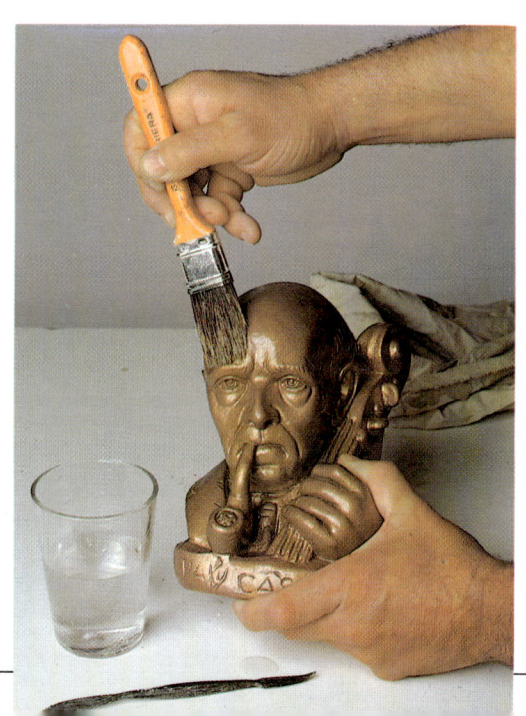

10 Debemos observar cómo la pieza, empapada de solución ácida, va cambiando de color y frenar el proceso (secándola con un trapo) cuando haya adquirido un color pardo.

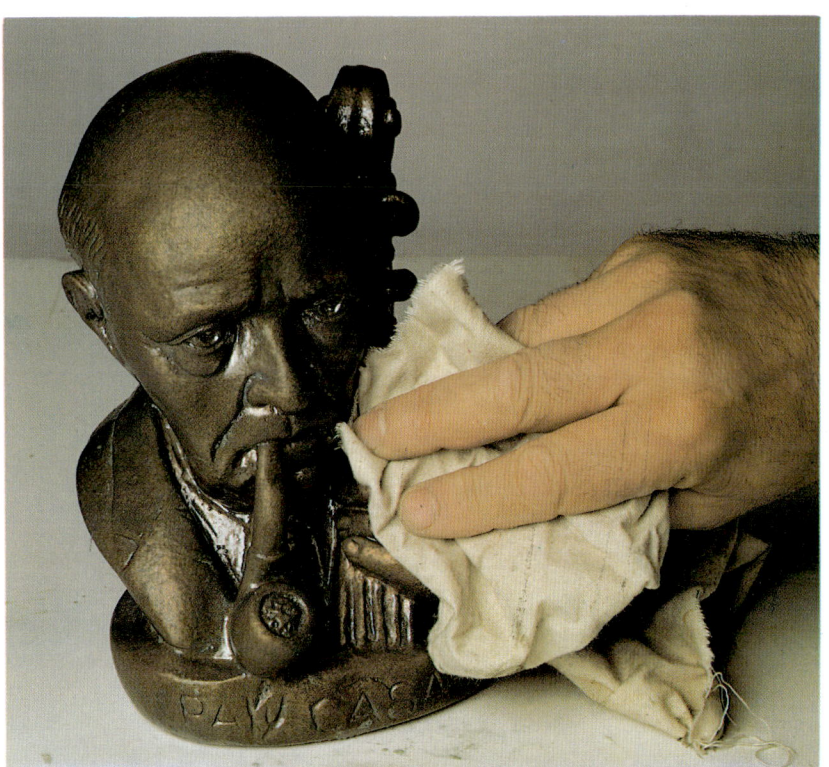

11 Se puede apreciar que, cuando la superficie está seca, aparece la oxidación dejando un color verde sobre todo en los intersticios.

12 A continuación se pone en un recipiente cera blanca y tierras de color verde esmeralda, siena natural y negro. Se mezclan las tierras con un poco de cera.

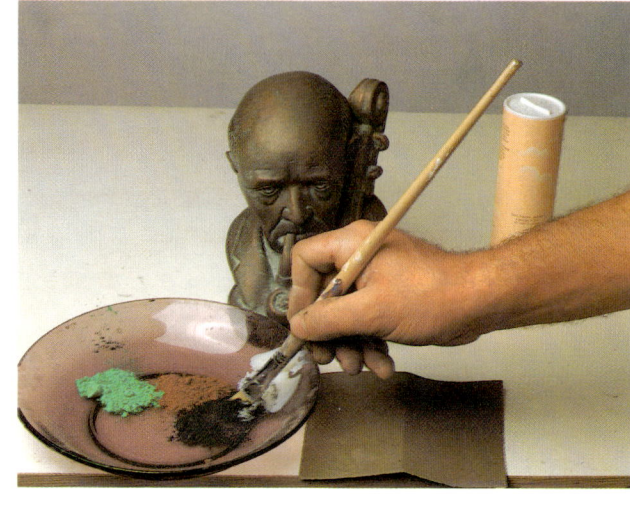

13 Con un pincel de cerda dura se aplica en las partes que se quieran oscurecer.

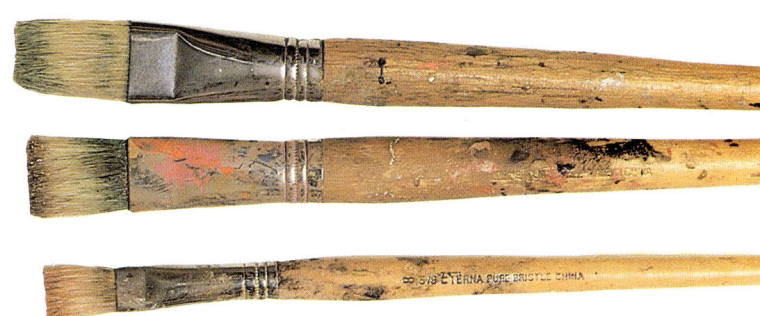

15 Con una lija muy fina y con mucho cuidado, se lija para sacar brillo en las partes que creamos conveniente: cejas, nariz, nudillos, pipa, etc.

14 Se limpia el exceso de cera con un trapo y se deja secar. Luego se aplica cera blanca uniformemente en toda la figura, frotando.

16 En este momento se aplica cera blanca.

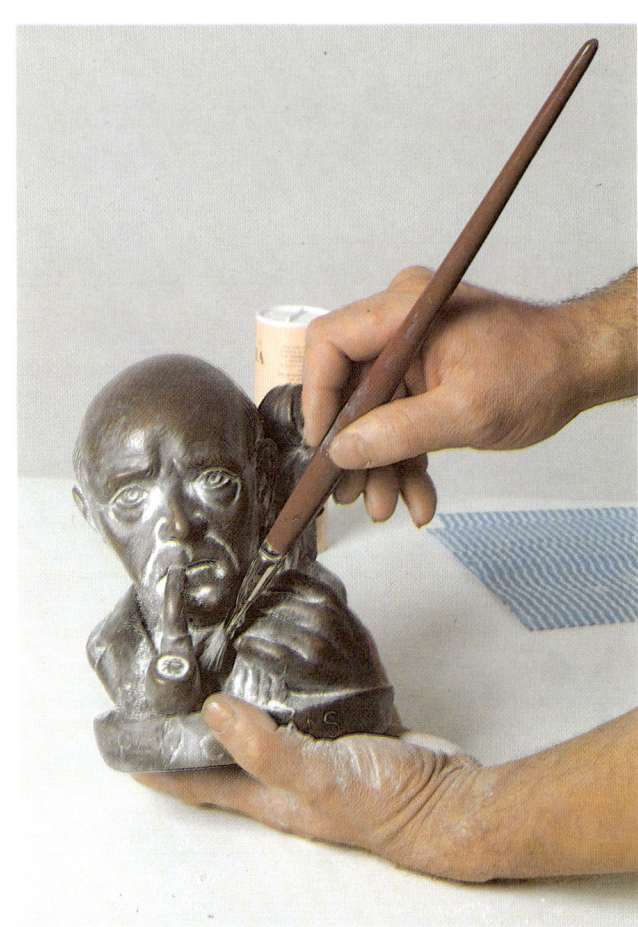

17 Se echan polvos de talco abundantemente por toda la pieza y seguidamente se frota con un trapo seco.

18 Con un pincel y también soplando, se elimina el talco de los intersticios. Se frota con un paño de lana insistiendo en los puntos prominentes de los brillos y se da por acabado el trabajo.

Apoyalibros

Para este ejercicio hemos escogido dos vaciados de escayola iguales en forma de L, que nos servirán para sostener libros y decorar la estantería de nuestra biblioteca.

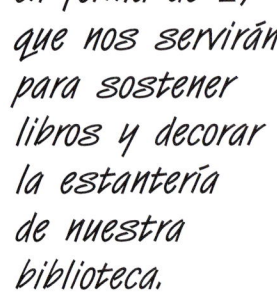

1 Se observa con atención la pieza para poder arreglar cualquier pequeño desperfecto, repasando los motivos con un buril.

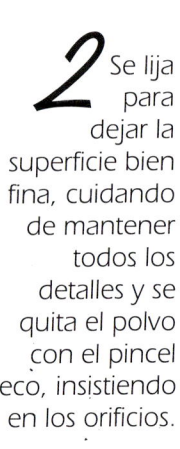

2 Se lija para dejar la superficie bien fina, cuidando de mantener todos los detalles y se quita el polvo con el pincel seco, insistiendo en los orificios.

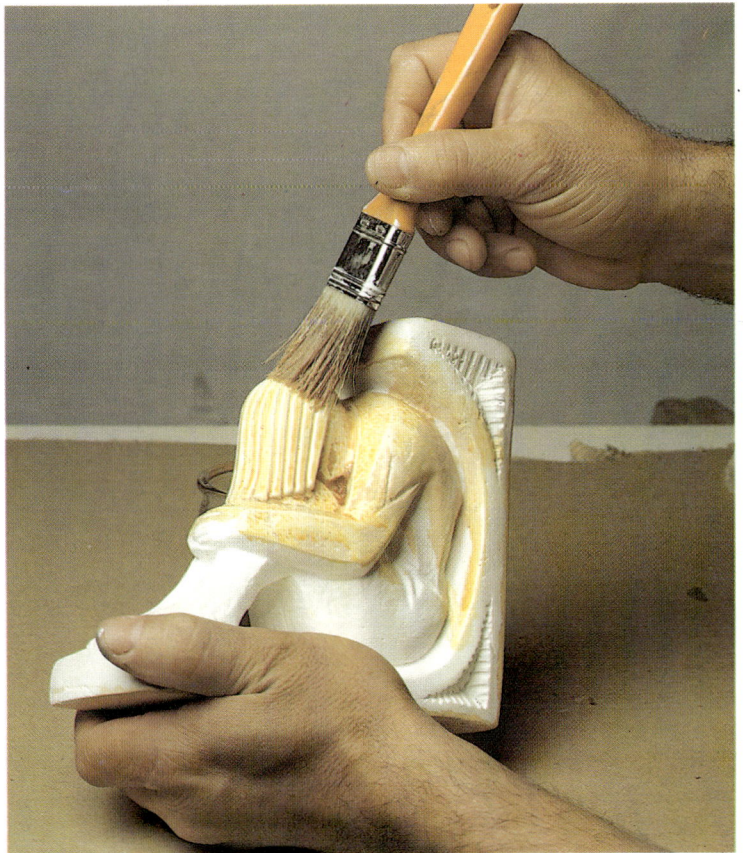

3 Se aplica selladora por toda la superficie, procurando no dejar huellas de pincel y que no quede ninguna parte sin recubrir. Se deja secar.

4 Cuando está bien seco, se da una mano de barniz color oregón. Cuando está bien seco, se repite el barnizado.

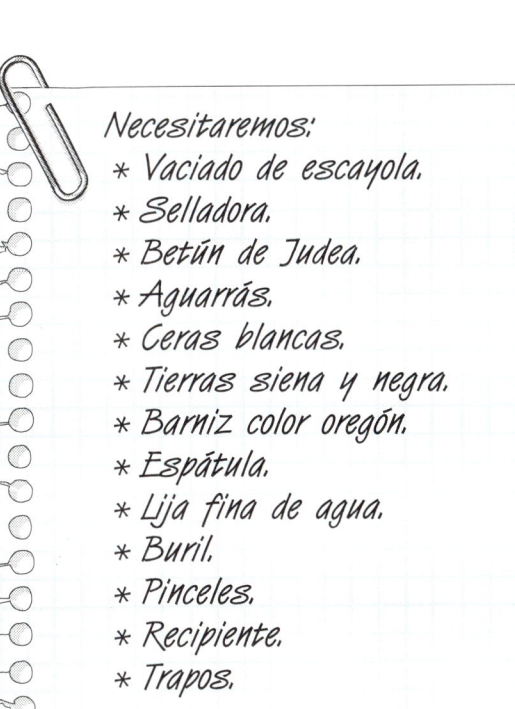

Necesitaremos:
* Vaciado de escayola.
* Selladora.
* Betún de Judea.
* Aguarrás.
* Ceras blancas.
* Tierras siena y negra.
* Barniz color oregón.
* Espátula.
* Lija fina de agua.
* Buril.
* Pinceles.
* Recipiente.
* Trapos.

5 Cuando el barniz está seco, se da una mano de betún de Judea.

6 Se espera un poco y se limpia la pieza con un trapo seco.

7 Si la pieza ha quedado demasiado clara, se repite la operación del betún de Judea.

8 Una vez seco, se vuelve a limpiar, frotando con un trapo para dejar solamente el betún en los intersticios más pronunciados. Si el betún hubiera quedado demasiado seco, se puede humedecer el trapo con aguarrás.

9 Para fijar mejor el betún y también para conferir a la pieza un color más añejo, se mezcla un poco de cera blanca con tierras de color siena y negro y con un pincel se pasa por las partes que queremos sombrear.
Su aplicación tiene que hacerse a toquecitos de pincel, perpendicularmente a la superficie.

10 Se frota con el trapo para quitar el color sobrante. Por último, se pone un poco de cera blanca en un trapo y se vuelve a encerar toda la pieza.

Jarrón de plata vieja

Hemos escogido este jarrón que, una vez acabado, podemos usar también como bombonero, joyero, etc. Para ello transformaremos este vaciado de escayola, aplicando una pátina de plata, para la que seguiremos los pasos de los dos ejercicios anteriores, variando los polvos metálicos, que en este caso serán de aluminio y plomo al 50%.
Para envejecer la pieza utilizaremos el betún de Judea.

Necesitaremos:
* Vaciado de escayola.
* Pinceles y brocha.
* Pigmento negro, óxido rojo y verde.
* Polvos de aluminio y de plomo.
* Cola blanca de carpintero.
* Cera incolora.
* Esmalte dorado.
* Betún de Judea y aguarrás.
* Espátula y buril.
* Lija fina.
* Trapo.

1 Se observa con atención la pieza para descubrir cualquier pequeño desperfecto y se perfilan los motivos con el buril.

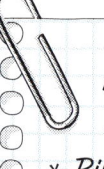

2 Se lija con atención para así mantener los motivos de la pieza, en los bordes y en el interior de la misma.

3 Se saca el polvo de toda la pieza con un pincel.

4 Se hace la pátina poniendo la cola de carpintero en un bote limpio y añadiendo polvos de aluminio y de plomo, hasta que la cola pierda su color blanquecino; luego se añade un poco de tierra de color negro y se remueve con un bastoncito.

Algunos de los materiales necesarios para la pátina: polvos de aluminio y plomo, cola, pigmentos.

5 Se remueve bien la mezcla y con el pincel se aplica sobre la figura dejando que se empape. La mezcla no tiene que chorrear y la pátina se debe aplicar con toques del pincel perpendicular a la superficie que se quiere cubrir. Una vez se ha dado la primera mano, se deja secar bien y se procede a dar una o dos manos más, dejando secar bien entre una y otra.

6 Con esmalte dorado, se pintan algunos de los motivos en relieve del jarrón y en la tapa.

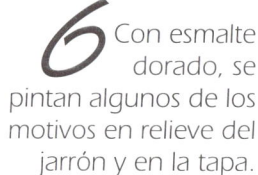

7 Se le da una mano de betún de Judea a toda la pieza. Es conveniente diluir un poco el betún con aguarrás, antes de aplicarlo.

8 También se da una mano de betún de Judea en el interior de la pieza.

9 Después de esperar un minuto o dos, se limpia toda la superficie con un trapo; en los huecos en que sea excesivo se puede quitar con un pincel y aguarrás.

Se puede observar cómo, una vez frotado, la capa de betún matiza los motivos dorados.

11 Después de aplicar la mezcla, insistiendo en los orificios, se limpia la pieza con un trapo y se deja secar; se aplica cera blanca en toda la pieza frotando enérgicamente, especialmente las partes que interesa resaltar.

10 Usando un plato como paleta, se pone cera blanca y un poco de pigmento negro, óxido rojo y verde. Con un pincel de cerda dura se van mezclando directamente cera y pigmento para aplicar en las partes que se quieran oscurecer.

Búho de cobre

En este ejercicio se ha elegido un sencillo búho de escayola, para transformarlo en una pieza de cobre viejo. Haremos una pátina parecida a la que hicimos en el ejercicio anterior con el busto, variando en la composición de la pátina los polvos, que en este caso serán de cobre. Haremos resaltar los ojos sacando brillo en éstos y su contorno. Aplicaremos betún de Judea para lograr un mayor contraste y el aspecto tan característico de este gran observador.

1 Se observa con atención la pieza para descubrir cualquier pequeño desperfecto y arreglarlo.

Necesitaremos:
* Vaciado de escayola.
* Brocha y pincel.
* Tierras siena, verde esmeralda y negra.
* Polvos de cobre.
* Cloruro de amoníaco.
* Cola de carpintero.
* Cera incolora.
* Agua.
* Polvos de talco.
* Betún de Judea.
* Aguarrás.
* Espátula.
* Buril.
* Lija fina.
* Trapo.

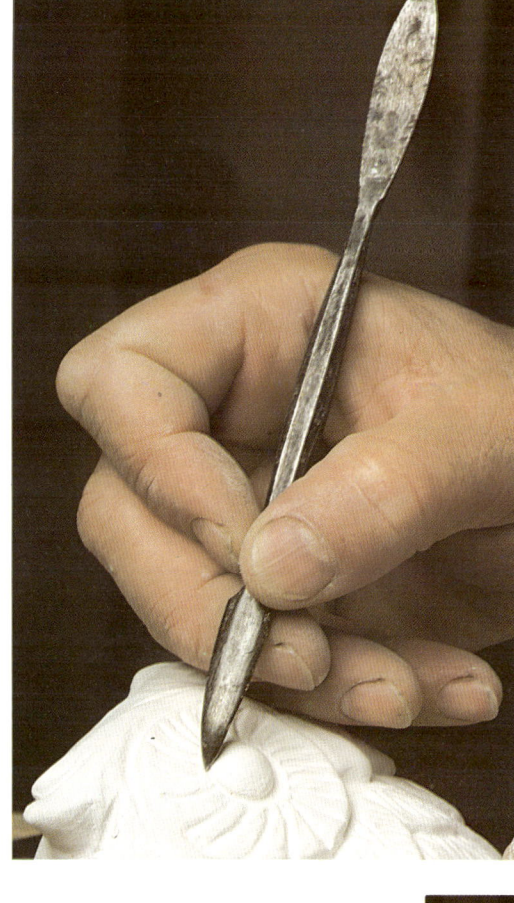

2 Se perfilan los motivos con el buril o la espátula.

3 Se lija con precaución para así mantener los motivos de la pieza.

4 Se saca el polvo de toda la pieza con un pincel.

5 Se hace la pátina poniendo la cola de carpintero y añadiendo polvo de cobre hasta que pierda el color blanquecino; luego se añaden las tierras según el color que se desee.

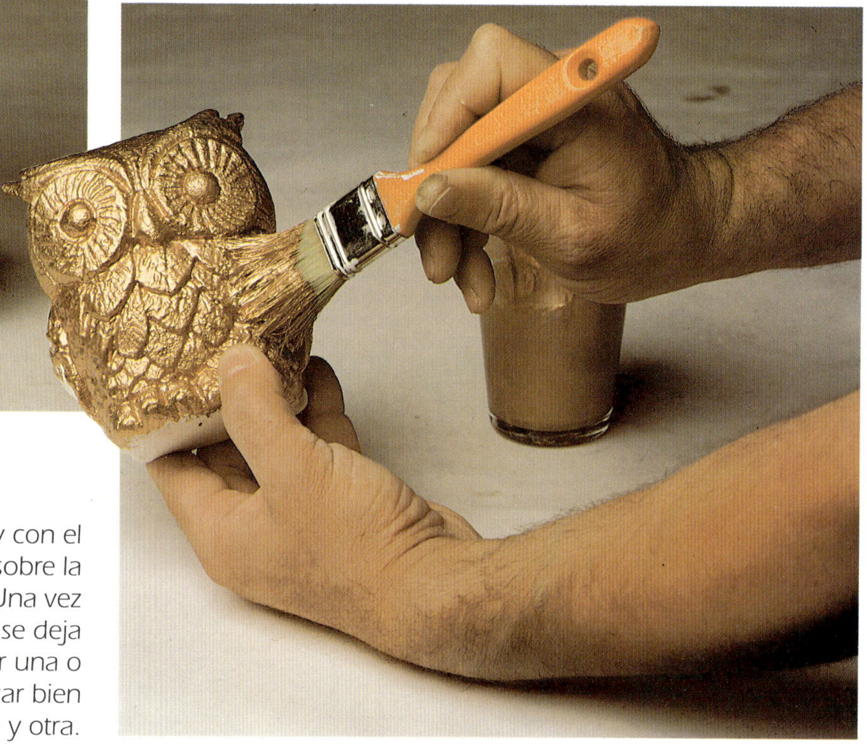

6 Se remueve bien y con el pincel se aplica sobre la figura dejando una textura. Una vez se ha dado la primera mano, se deja secar bien y se procede a dar una o dos manos más, dejando secar bien entre una y otra.

Pigmentos y cola utilizados en la pátina de cobre.

Una vez metalizada, nos disponemos a oxidar la pieza.

7 Se disuelven dos cucharaditas de cloruro de amoníaco en un vaso de agua.

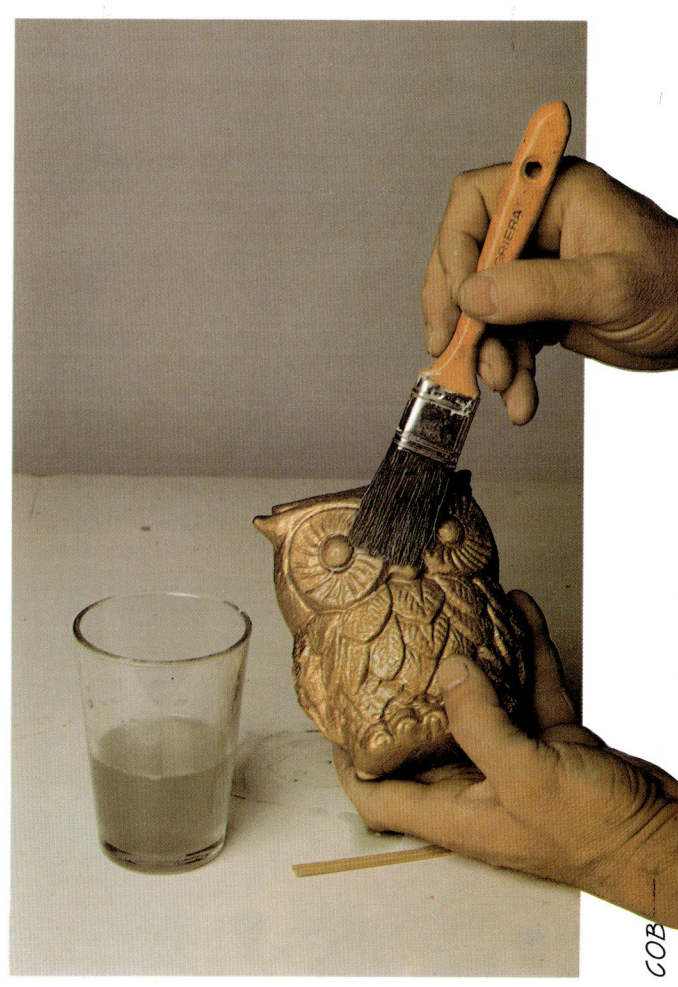

8 Se aplica la solución con una brocha para provocar la oxidación, empapándola abundantemente.

9 Si la oxidación ha sido excesiva, se limpia el óxido sobrante con un trapo y agua hasta que nos parezca natural.

10 Para darle antigüedad al cobre, con la ayuda de un pincel se aplican pigmentos color verde, rojo óxido y negro, mezclados con cera.

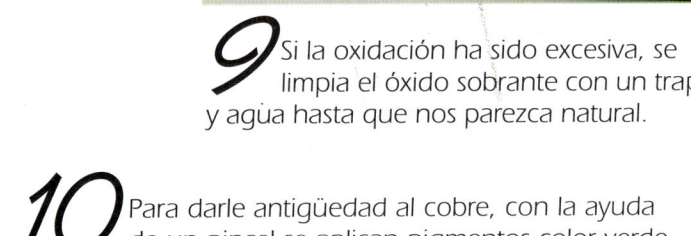

11 Se saca el sobrante frotando con un paño.

12 Se rocía con polvos de talco y se frota toda la pieza con un trapo seco.

13 Por último se frotan especialmente las partes que interese resaltar.

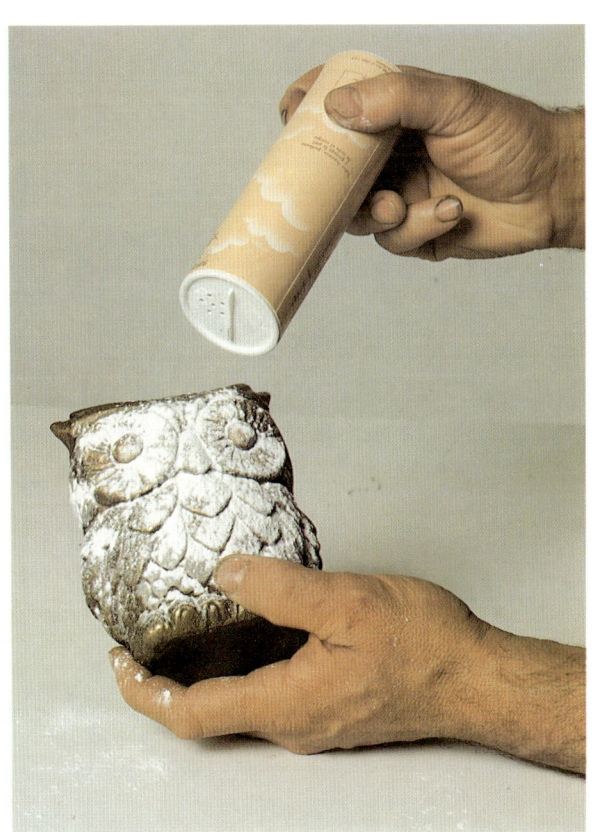

Angelote

Vamos a aprender a decorar un angelote, dándole un acabado de policromía antigua. Podrá observarse que emplearemos finas láminas de oro falso para dorar el pelo y el manto, siguiendo un sistema simple y duradero. No obstante no hay que olvidar que cuando se emplea oro verdadero, es conveniente seguir un sistema más complejo, con un mordiente de arcilla roja y un pincel especial para aplicarlo. El brillo que se consigue con estas láminas de oro no se puede comparar ni de lejos con el brillo más apagado del esmalte dorado.

1 Con la punta de un buril, se acentúan las incisiones, quitando las imperfecciones.

Necesitaremos:
* Una figura de escayola.
* Selladora.
* Buril, espátula y lija.
* Colores plásticos: azul, rojo, marfil y blanco.
* Brocha y pinceles.
* Pan de oro falso.
* Mixtión.
* Esmalte dorado.
* Betún de Judea.
* Cera y trapo.

2 Con una lija fina se repasa la superficie del angelote y se elimina todo el polvo de escayola.

3 Con una brocha se da una imprimación de selladora, sin dejar estrías y sellando toda la superficie, tanto por delante como por detrás.

4 Se pintan la cara, piernas, cuerpo y brazos con pintura plástica de color marfil, a base de pequeños toques de pincel. La superficie así pintada no debe tener grumos ni textura, sino que ha de ser fina y lisa.

5 Ahora se prepara la mesa de trabajo para dorar. Con un pincel limpio y seco se da una mano de mixtión en las partes a dorar: el velo y el pelo, dejando que el mixtión seque un poco.

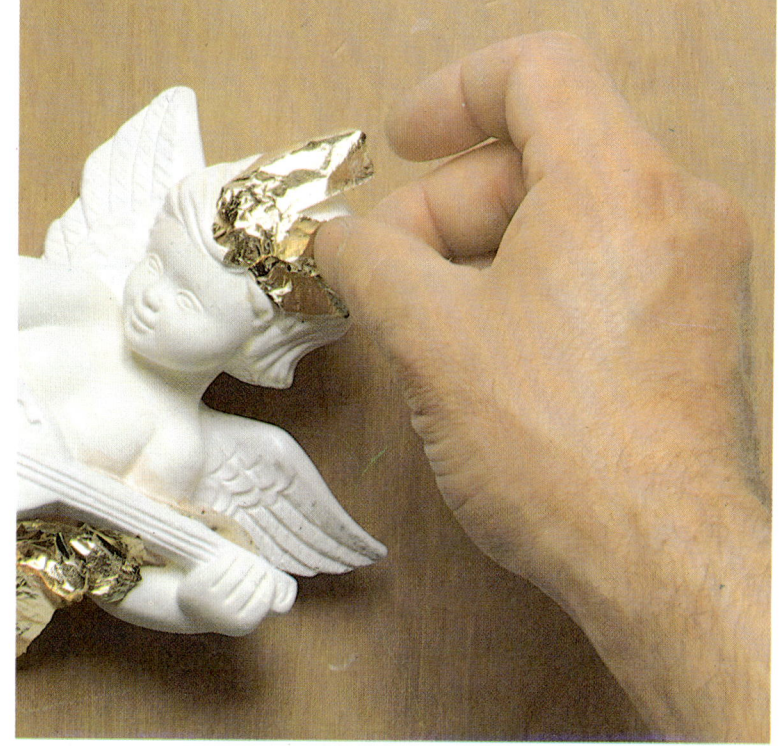

6 Con solamente dos dedos y mucho cuidado, se arrancan trocitos de oro y se depositan en las partes a dorar, sin apretar y dejándolos como quedan.

7 Obsérvese que no hay que apretar con los dedos, simplemente "dejar caer" el pan de oro sobre el mixtión.

8 Cuando se ha cubierto toda la superficie, se sopla, a unos diez centímetros, directamente sobre el oro, para que se adapte mejor a la forma. Seguidamente, con un pincel plano y redondo, se dan unos pequeños toques perpendiculares a la superficie para ayudar una mejor adhesión.

9 Pasando suavemente un pincel seco y limpio, se elimina el pan de oro sobrante.

10 Luego, se pintan de rojo oscuro, la boca y el laúd de la figura.

11 Cuando la pintura ha secado, con esmalte dorado y un pincel fino se pintan las cuerdas y los adornos del laúd.

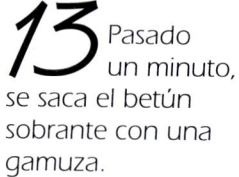

12 Ahora se procede a envejecer la pieza, aplicándole betún de Judea con una brocha.

13 Pasado un minuto, se saca el betún sobrante con una gamuza.

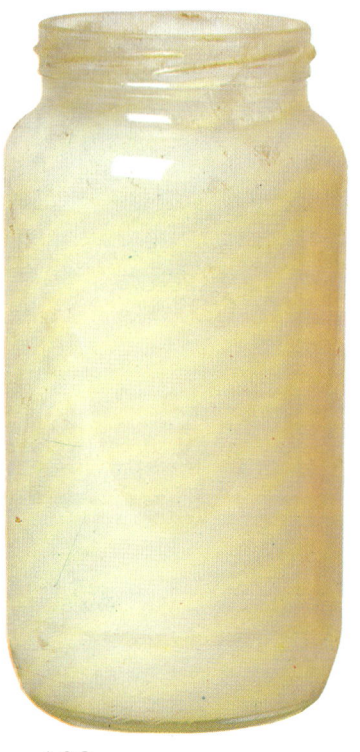

14 El efecto de luminosidad puede mejorarse si se limpian bien aquellas partes que deben brillar, como las alas, la rodilla, las manitas,... También hay que intentar eliminar un poco del betún que queda en las rendijas.

15 Por último, cuando se haya conseguido el tono deseado, se encera la figura, frotándola con un trapo impregnado de cera.

Cuadro en relieve

Hemos escogido esta pieza con un motivo muy sencillo, dos niños jugando en un paisaje con un árbol, para decorar con pintura plástica al agua. Trataremos con esmero todos sus detalles y aplicaremos la técnica del pincel seco para resaltar las hojas del árbol. Lograremos un resultado muy interesante pese a la sencillez del tema.

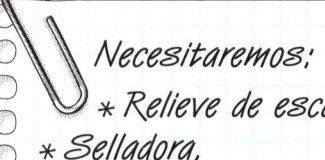

Necesitaremos:
* *Relieve de escayola.*
* *Selladora.*
* *Pinturas plásticas.*
* *Buril.*
* *Lija fina.*
* *Pinceles.*
* *Una paleta para mezclar.*

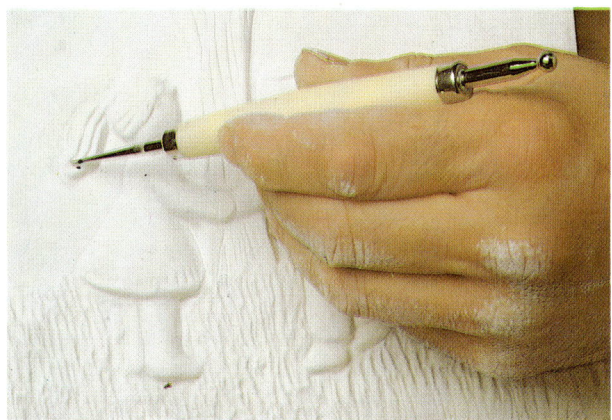

1 Se observa con atención la pieza para poder arreglar cualquier pequeño desperfecto. Se repasan los motivos con el buril.

2 Se lija para dejar la superficie bien fina, cuidando de mantener todos los detalles y se saca el polvo con un pincel.

3 Se aplica la selladora, sin dejar huellas de pincel, sobre toda la superficie del relieve y se espera a que seque bien.

4 Se pone en la paleta un poco de cada color, disponiéndolos de más claro a más oscuro.

5 Se mezcla el color azul y el blanco para pintar el fondo.

— CUADRO EN RELIEVE —

— 123 —

6 Se pinta la hierba y las hojas del árbol de color verde oscuro.

7 Se pinta el tronco mezclando en la paleta rojo, amarillo y azul, sin dejar huellas de pincel.

8 Se procede a repasar con pincel seco. Se mezcla verde y blanco, se recoge con un pincel y en un trapo se descarga la mayoría de la pintura. La poca que nos queda entre los pelos del pincel es la que se pasa suavemente sobre las hojas y la hierba.

9 Se retoca también el tronco con pincel seco mezclando en la paleta el color marrón con blanco.

10 Se eligen los colores para los niños y se procede a pintarlos. En este caso hemos escogido para el niño pantalón azul claro, camisa blanca, pelo y zapatos negros; para la niña falda rosa (rojo y blanco), pelo amarillo y zapatos negros.
Se pintan los frutos de color rojo y se les saca brillo, usando la técnica del pincel seco. Los colores rojo y blanco se mezclan en una proporción de 70% y 30% respectivamente.

Busto de dama

Si no somos ceramistas profesionales dominar su técnica, el esmaltado, la cocción, etc. es sumamente difícil. Pero conseguiremos una pieza de imitación cerámica, a partir de un vaciado de escayola, simplemente pintándola con esmaltes cerámicos en frío.

1 Después de observar la pieza, se arreglan los desperfectos y se definen los detalles con un buril; marcar adecuadamente las joyas y pequeños rasgos, será de gran ayuda a la hora de pintar la figura.

2 Se lija para dejar una superficie bien fina.

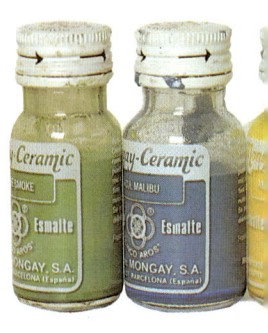

3 Seguidamente se aplican dos manos de selladora, dejando secar la pieza entre cada una.

4 Se preparan los colores cerámicos y, cuando la selladora haya secado, se empieza a aplicar el color carne, que se obtiene de la mezcla, de blanco, una pizca de rojo y otra de amarillo.

Necesitaremos:
* Busto de escayola.
* Selladora.
* Colores cerámicos en frío.
* Diluyente cerámico.
* Protector cerámico.
* Lija fina.
* Buril.
* Brocha y pinceles.
* Esmalte dorado.

5 Ahora se pintan el collar de azul, la blusa de amarillo y la capelina de verde oliva.

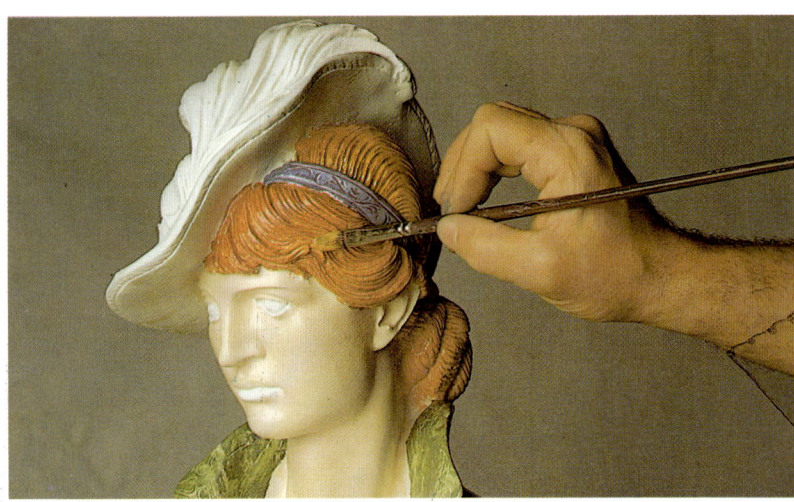

6 Se pinta el pelo de color rojo teja.

7 La pluma de carmín y el lazo de rosa.

8 Con cuidado y buen pulso, se pintan los labios, pupilas y se perfilan las cejas.

9 Una última ojeada antes de dar por terminado el policromado de la figura.

10 Sólo queda pintar algunos detalles dorados con esmalte y, si se desea, una última capa de barniz cerámico.

Máscara de carnaval
Macetero
Plato
Alhajas
Sol
Tapiz de pasta prensada
Jarrón

El arte del papel goza de una tradición secular que se ha perfeccionado y enriquecido a lo largo de los años, gracias al buen que hacer artesanal. La gran versatilidad del papel se presta a un amplio abanico de posibilidades y técnicas. Las más comunes se agrupan fundamentalmente en dos maneras de trabajar el papel: una con papel "mojado", también denominada papel maché, y otra con papel "seco", que incluye la papiroflexia, entre otras. En este capítulo explicaremos las técnicas del papel maché a partir de explicaciones y ejercicios, que le permitirán conocer qué tipo de soluciones técnicas se deben aplicar a cada tipo de pieza y alcanzar una gran libertad creativa.

Llavero
Espejo de baño
Niña
Globo aerostático

Los materiales
Pasta de papel
Papel en tiras
Moldes
Acabados

Papel Maché

Máscara de carnaval
Macetero
Plato
Alhajas
Sol
Tapiz de pasta prensada
Jarrón
Llavero
Espejo de baño
Niña
Globo aerostático

Papel maché

Tratándose de una materia prima que abunda en nuestro entorno y que se suele tirar, podremos constatar que es muy gratificante reciclar nuestro propio material de deshecho y conferirle una utilidad, ya sea estética y decorativa, o funcional.

Con el papel maché podremos construir desde una pequeña joya hasta un armario, desde un juguete hasta una preciosa máscara, desde un magnífico jarrón hasta un divertido marco; pero para explorar las posibilidades creativas con el papel, es recomendable adquirir primero unas sólidas aunque sencillas nociones técnicas. Básicamente existen dos maneras diferentes de trabajar el papel mojado: en pasta y en tiras.

Los materiales

Tanto en la elaboración de papel en pasta como de papel en tiras intervienen unos ingredientes comunes. Dichos materiales están al alcance de todos y son fáciles de encontrar en casa.

El cartón:

Ofrece la ventaja del espesor y de la rigidez. Además del cartón que podamos reciclar, se puede encontrar cartón piedra en los establecimientos de Bellas Artes: son unas hojas que se vuelven muy manejables cuando están mojadas y se adaptan perfectamente al molde.

El cartón sirve, en forma de tiras y trocitos, sobre todo para sacar, o imitar, la forma del interior de un molde.

Papel:

Hecho de fibras de madera y algodón, el papel es un elemento rico y variado. Cualquier papel sirve para fabricar papel maché, aunque es aconsejable que no lleve mucha tinta impresa.

Hay muchos tipos de papel, de distintos grosores y colores. En todos ellos la fibra está dispuesta de manera longitudinal, de manera que si rompemos una hoja en el sentido de la fibra obtenemos un corte recto y regular, mientras que si lo rompemos en sentido opuesto, obtenemos un corte desigual e irregular.

Las colas

En la elaboración de papel en pasta o en tiras es conveniente disponer de al menos uno de los siguientes tipos de cola:

Cola blanca

(Cola vinílica) Utilizada para pegar papel, de aspecto líquido, es muy elástica.

Cola celulósica

(De empapelar) Es la cola que se utiliza para empapelar paredes; se presenta en forma de polvo que, una vez añadido al agua, da una gelatina de tacto muy pegajoso. Es necesario batirla bien para deshacer los grumos. Cuando seca es muy rígida. Se pudre con facilidad, por lo que es aconsejable tirar el sobrante.

Engrudo

Cola casera hecha a base de agua y harina que puede sustituir la cola vinílica o cola blanca. Da inmejorables resultados en la realización de figuras de papel maché; es muy fácil de hacer.

Se pone a hervir agua y mientras tanto se tira harina en un recipiente; se añade un chorrito de agua y se mezcla con una brocha o un pincel. Cuando el agua hierve, inmediatamente se vierte sobre la harina, mezclando bien con el pincel. Se deja reposar unos minutos y la cola ya está lista: la consistencia óptima es la de una crema. Se puede usar de un día a otro, pero se conservará mejor cuanto más líquida sea.

Pasta de papel

El papel en pasta, o papel machacado, es una masa compuesta de papel, colas y agua, con la consistencia de la arcilla mojada, aunque menos homogénea.

Necesitaremos:
* Papel.
* Agua.
* Engrudo.
* Cola celulósica.
* Aguaplast.
* Aceite de linaza.
* Una cuchara de palo.
* Un colador.
* Un recipiente.

La pasta de papel puede comprarse ya preparada, en los establecimientos de material de Bellas Artes: sólo hay que añadirle el agua hasta formar una masa modelable. También se puede fabricar en casa, triturando papeles de periódico (cortados a trocitos y macerados en agua) y mezclándolos con las colas y otros ingredientes.

Aunque para su preparación casera se pueden encontrar varias fórmulas, te recomendamos la que vamos a exponer que es la que garantiza mejores y más duraderos resultados.

Mientras que la pasta que se puede adquirir está decolorada, la pasta de fabricación casera suele ser de un color gris, debido sobre todo a la tinta impresa.

2 Se deja macerar en agua, durante una noche. Cuanta menos tinta lleve el papel, más blanca será la pasta.

3 Se tritura con un molinillo para que el papel se reduzca aún más.

1 Con las manos se corta papel de periódico en tiras (rompiéndolo en el sentido de la dirección de la fibra) y, cuando se tiene un pequeño fajo, se corta en trocitos.

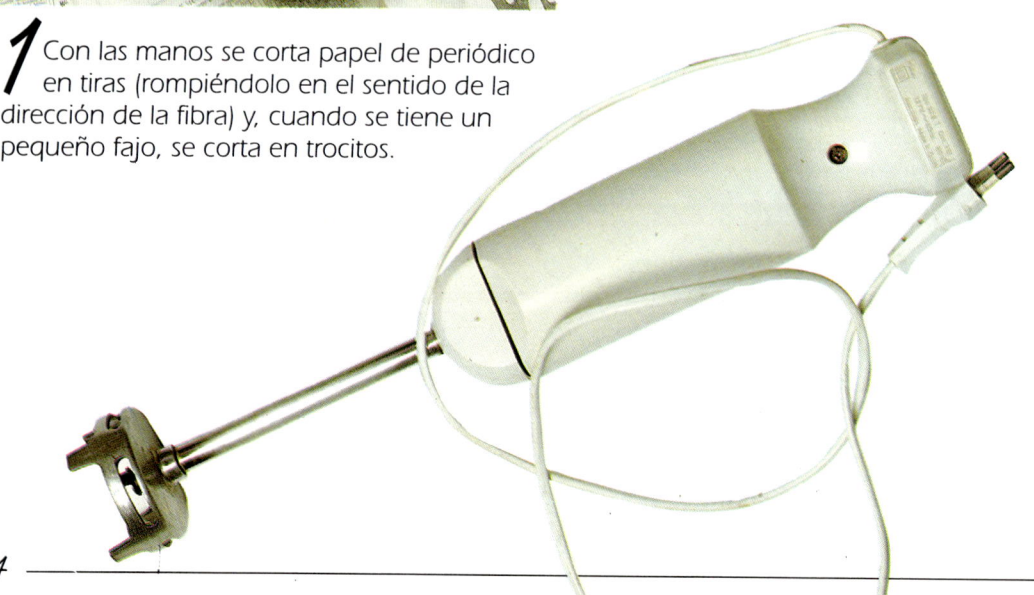

4 Con un colador, se elimina el exceso de agua, sin dejar la pasta demasiado seca, y se pone en un recipiente.

5 Se añade un poco de la cola elegida, engrudo, o cola blanca.

6 Se añade a su vez cola de empapelar (o celulósica), mezclando con las manos o con una cuchara de madera. Si no se va a usar toda la pasta y se prevé guardar parte de ella unos días, es mejor separar esa parte y no echar esta cola de momento.

7 Se añade aguaplast disuelta (según la consistencia que se le quiera dar a la pasta, se pondrá más o menos aguaplast).

La pasta se puede guardar varios días envuelta en un plástico y guardada en la nevera.

Es muy apropiada para rellenar el interior de un molde encontrado (por ejemplo una taza) o hecho a propósito (en barro o yeso), y también sirve para realizar pequeños objetos a mano libre, directamente.

8 Se amasa todo, añadiendo una cucharada 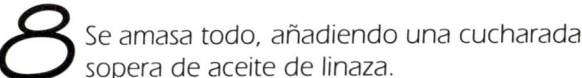 sopera de aceite de linaza.

La pasta de papel permite crear grosores considerables, mucho más que con el papel o el cartón en tiras. También se puede teñir con tintes textiles o pigmentos y combinar masas coloreadas componiendo cuadros. Se puede trabajar y prensar con moldes de pastelería y también se puede mezclar con el trabajo de papel en tiras.

PASTA DE PAPEL

— 135 —

Papel en tiras

El papel maché en tiras es una técnica muy común y se utiliza generalmente para recubrir una estructura previamente construida o para reproducir la forma de un molde (exterior o interior). Se puede encontrar fácilmente en casa, o adquirir, en forma de cartón, en las tiendas especializadas.

Cuando las figuras son de tamaño natural o más grandes, es aconsejable preparar una estructura o esqueleto interno, hecho a base de madera, tela metálica, tela o cualquier otro material ligero que permita esbozar la forma general para luego recubrirla con tiras de papel encolado. Es sorprendente poder constatar como, partiendo de una estructura muy primaria, la podemos transformar, recubriéndola con tiras de papel, hasta conseguir una pieza realista.

En la mayoría de los casos es aconsejable partir de un dibujo o boceto de la pieza que se quiere realizar.
También es posible realizar objetos en papel utilizando como molde un objeto ya hecho (globo, taza, vaso, jarrón) o hecho expresamente en barro o plastilina.

Sobre la forma (molde) convenientemente protegida para que el papel no se adhiera, se aplican varias capas de tiras de papel mojadas y encoladas. En este proceso es importante que las tiras se sobrepongan de manera lisa, sin arrugas y sin que se formen burbujas de aire, aplicando muchas capas hasta conseguir un grosor consistente.

Además del procedimiento con las tiras de papel de periódico, se puede rellenar el interior de un molde con trozos de cartón piedra mojados y abundantemente encolados.
En comparación con el papel de diario, el cartón piedra es más duro, rápido y resistente.

Moldes

Se puede trabajar con molde en los siguientes casos:
* Para recubrir una forma convexa se suele emplear papel en tiras.
* Para recubrir una forma cóncava se puede emplear cartón piedra, pasta de papel y también papel en tiras. Si estamos muy seguros de la figura que vamos a realizar y queremos hacer una serie, haremos un molde de yeso, pero, para empezar a familiarizarse con la técnica, es mejor utilizar un molde encontrado, como una taza, un plato, etc., o hecho expresamente de barro o de plastilina.

Molde encontrado

Necesitaremos:
* Un objeto molde.
* Jabón líquido.
* Papel.
* Engrudo.
* Pincel.
* Cúter o tijeras.
* Aguaplast.
* Papel de lija.

1 El molde tiene que ser impermeabilizado (con aceite, plástico de cocina, jabón líquido o vaselina), antes de aplicarle las tiras de papel.

2 Se remojan las hojas de periódico durante unos 5 minutos y se escurren sin retorcer. Se dejan en la mesa de trabajo para extender el engrudo sobre la primera hoja.

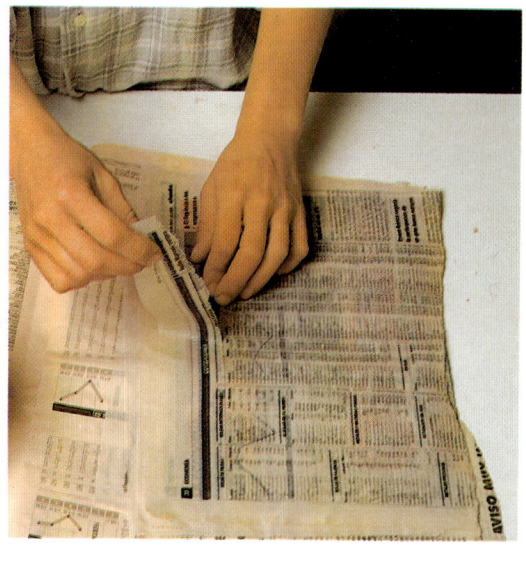

3 Se arranca la primera tira en el sentido de la fibra del papel.

4 Las tiras encoladas tienen que acoplarse perfectamente a la forma o el relieve, ejerciendo presión con los dedos. La primera capa se coloca con la cola hacia arriba.

5 Es conveniente aplicar unas diez capas de tiras de papel, alternando diferentes colores para asegurarse de recubrir cada vez la totalidad de la pieza.

6 Entre capa y capa hay que extender una mano de engrudo con el pincel.

7 Cuando el papel en capas está completamente seco, se extrae del molde y, con la ayuda de un cúter, se corta el papel sobrante en los cantos de la pieza.

Para ayudar a fortalecer el objeto así realizado, y también para disimular las rugosidades que pudieran haber surgido, se extiende con un pincel una mano de aguaplast. Se deja secar y se lija, repitiendo estas dos últimas operaciones una segunda vez. La pieza así preparada ya está lista para pintar.

Preparación del yeso

Expondremos a continuación unos pasos sobre la manera de preparar el yeso. Es importante recalcar que, una vez preparado, empieza a fraguarse y, por lo tanto, no disponemos de mucho tiempo para pasar a la acción. No tenemos que interrumpir nuestro trabajo, de lo contrario el yeso se endurecerá en el recipiente y tendremos que desecharlo.

Necesitaremos:
* Yeso.
* Cubo.
* Agua.
* Guantes de goma.

1 En un cubo con agua se rocía el yeso en el centro. Es mejor excederse en agua, que quedarse escaso.

3 Se remueve con las manos disolviendo los grumos.

2 Cuando el agua ya no absorba más yeso y se forme un montículo, tendremos la proporción adecuada.

Acabados

Los objetos realizados mediante las distintas técnicas del papel, necesitarán de un acabado, ya sea pictórico, por collage, por pátinas... De igual manera que sobre un papel industrial se pueden hacer garabatos o maravillas, sobre estos objetos encontrarás una superficie casi tan versátil y noble como un papel de dibujo, por lo que la decoración es, en sí, un aspecto fundamental del trabajo con papel.

Se puede acabar con collage del mismo papel utilizado en las tiras, o pegando papeles de colores, o con motivos impresos.

Los papeles coloreados de seda también dan óptimos resultados, yuxtaponiendo trozos de diferentes colores, muy ricos en cromatismo.

Sobre una mano de color (blanco), se pueden pintar motivos con pintura plástica o acrílica, témpera, gouache o acuarelas.

También, con los mismos colores, existe la posibilidad de aplicar toda una gama de efectos pictóricos, aprovechando la textura de la superficie acabada:

- De objeto antiguo (procediendo con ligeras capas de color yuxtapuestas y quitándolas con una esponja húmeda, allá donde nos interese resaltar los colores claros).

Elementos naturales

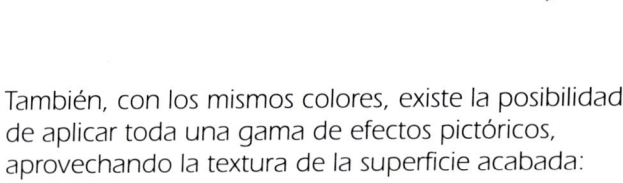

- Añadiendo elementos naturales como hojas, flores secas o conchas.

- Con barnices coloreados.

- Con transparentes capas de color lijadas y sobrepuestas.

- Aplicando papeles dorados.

- Esgrafiando o rascando la superficie, cuando el color está aún húmedo, etc.

Pinceles y brocha

Es conveniente tener al menos dos, uno fino para los detalles y otro normal, tipo paletina para cubrir superficies. Así como una brocha para el barnizado o la primera capa de blanco.

Pan de oro o plata

Si se quieren dorar, por métodos tradicionales, algunas superficies.

Esmaltes dorado o plateado

Colores acrílicos o plásticos

Muy adecuados para obtener acabados lisos y brillantes; la diferencia entre los primeros y los segundos consiste en que los colores plásticos son más elásticos y más espesos.

Barniz mate

Sea cual sea el proceso seguido, es recomendable proteger la superficie con una capa final de barniz mate, que resguardará la pieza de la humedad, aunque no la protegerá completamente del agua.

Máscara de carnaval

En este ejercicio abordamos un clásico en la tradición del papel maché: nos proponemos ahora la ejecución de una careta que pueda servir para disfrazarse o, como no, de elemento decorativo. El método seguido es el de las tiras de papel sobre un molde de barro, que también puede ser de plastilina.
Es un ejercicio sencillo y fácil de realizar.

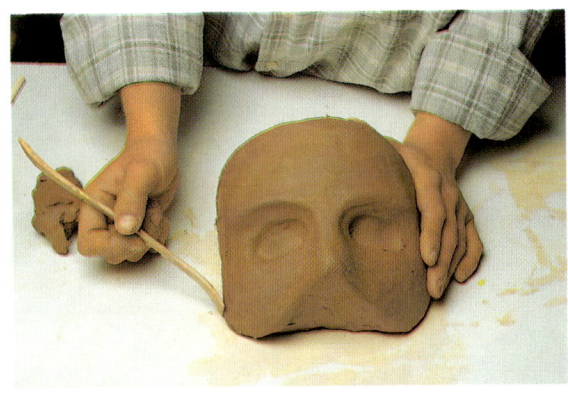

1 Se realiza una máscara de barro, modelándola con un palillo y con las manos. La superficie debe quedar lisa y sin accidentes, porque de otra manera quedarían reflejados en la máscara de papel.

2 En un recipiente con agua se sumergen las hojas de periódico (de dos tonos diferentes), se escurren un poco, sin arrugarlas y se ponen por separado sobre la mesa de trabajo.

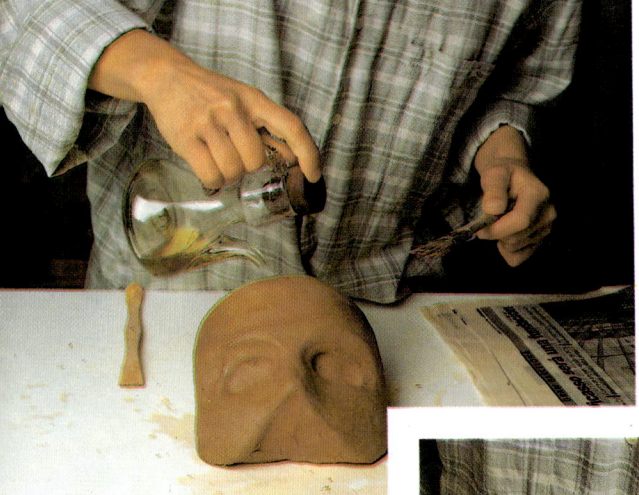

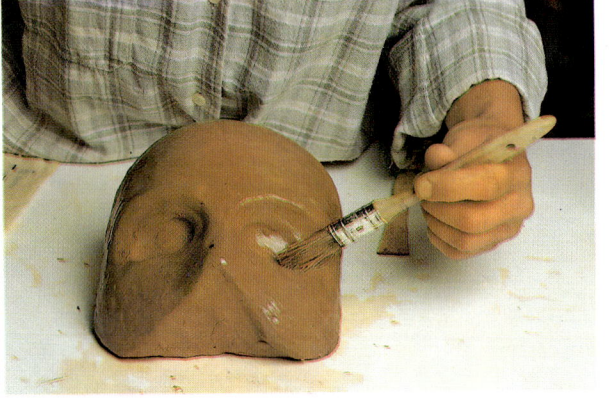

3 Se embadurna la figura de barro con aceite y la ayuda de un pincel, cubriendo bien toda la superficie.

Necesitaremos:
* Arcilla y palillos de modelar.
* Aceite.
* Papel de periódico.
* Engrudo.
* Tijeras y cúter.
* Aguaplast.
* Papel de lija.
* Pintura plástica y pinceles.
* Cordón de goma.

4 Se extiende una mano de engrudo sobre el primer papel, previamente mojado.

5 Se arranca una tira en el sentido de la fibra del papel.

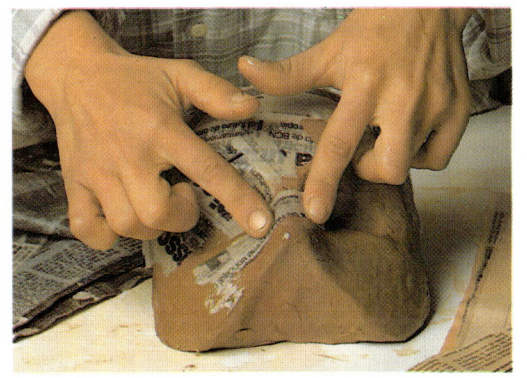

6 Se van cortando trocitos de la tira y ajustando sobre el barro con la cola hacia arriba, apretando con los dedos y alisando, para eliminar el aire. Hay que dejar que el papel sobre por los lados.

Intercalando capas de papel de diferentes tonos, blanco y rosado, se lleva la cuenta de capas con más facilidad.

7 Terminada la primera capa de papel blanco, se da una mano de engrudo y se procede de igual manera con la siguiente capa, encolando el papel rosado en pequeñas tiras, y así sucesivamente hasta sobreponer 8 o 10 capas, alternando colores y dando una mano de engrudo al término de cada una de ellas.

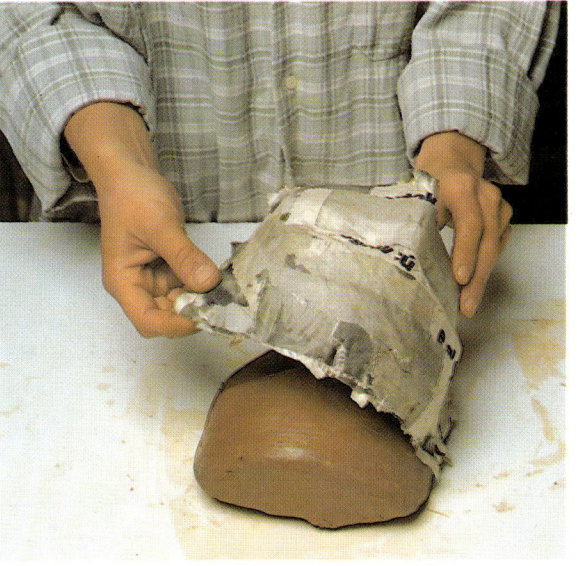

8 Una vez seca, se separa del molde de barro la máscara realizada con las tiras.

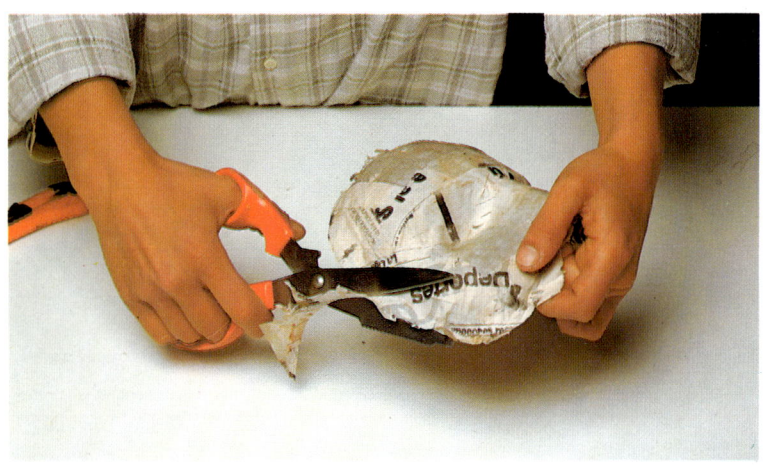

9 Se recortan las rebabas de papel sobrante en los márgenes.

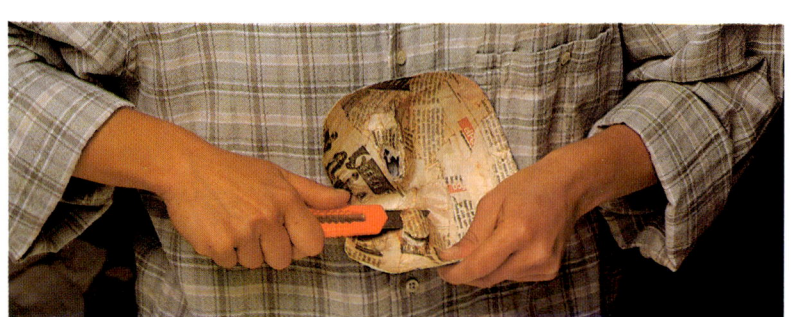

10 A continuación se recortan los agujeros de los dos ojos con la ayuda de un cúter.

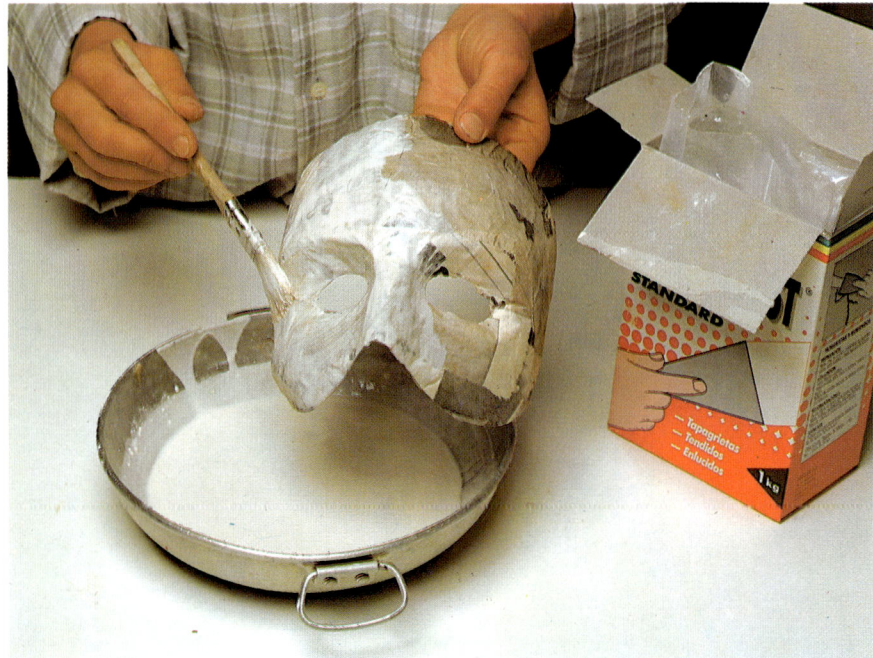

11 Se prepara el aguaplast y se deja reposar diez minutos; después se aplica encima de la máscara con un pincel.

12 Cuando la primera mano de aguaplast está seca, se lija. Es recomendable volver a dar otra mano de aguaplast y volver a lijar.

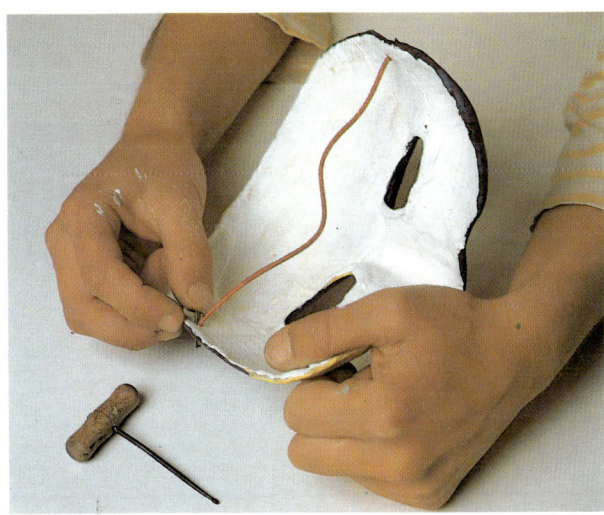

13 Se hacen dos agujeros en los bordes y se pasa la goma, anudándola en los extremos.

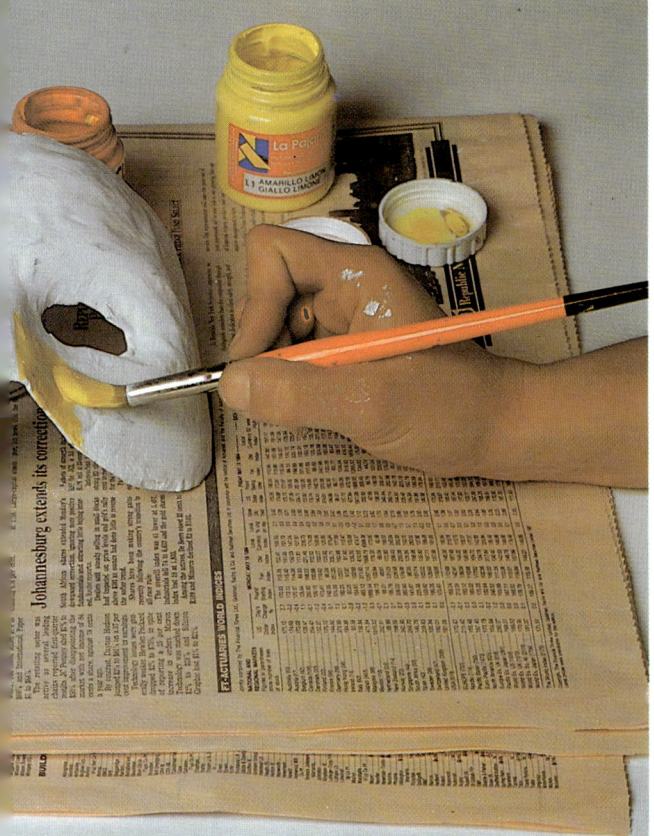

14 Se pinta la máscara con esmalte o pintura plástica.

La máscara terminada, con dos acabados de pintura diferentes.

Macetero

Con la pasta de papel pueden conseguirse volúmenes de un considerable grosor, así que es factible realizar con ella un sólido macetero, usando como molde un objeto industrial de plástico. Su realización es muy rápida y sencilla; solamente habrá que tener un poco de paciencia en el secado de la pieza. El acabado combinando colores y dorados le da una peculiar personalidad.

Necesitaremos:
* Pasta de papel.
* Un recipiente de plástico.
* Aguaplast.
* Pintura plástica.
* Pinceles.
* Esmalte dorado y plateado.
* Barniz mate.
* Aguarrás.

1 Se recubren las paredes del interior del tiesto con la pasta de papel, presionándola con las manos. Con el dedo pulgar se quita la pasta sobrante de los bordes.

2 Cuando se ha conseguido un grueso regular y suficiente, se deja secar en un lugar ventilado o al sol. La pasta sobrante se puede guardar unos días en una bolsa de plástico dentro de la nevera.

3 Cuando la pasta está complemente seca, se extrae del molde y se deja secar la parte exterior.

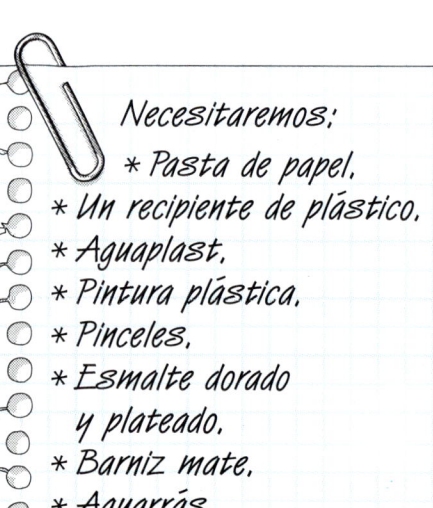

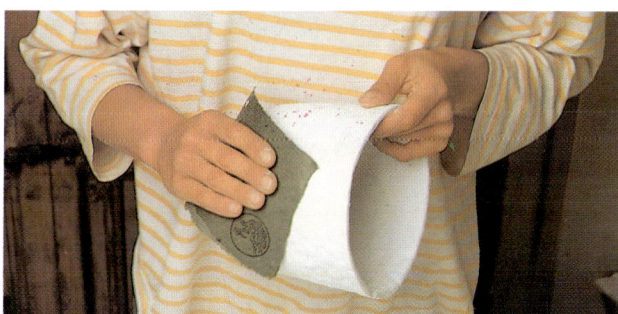

4 Se prepara el aguaplast, y cuando ha pasado el tiempo conveniente, se aplica una mano sobre el macetero de pasta de papel y se deja secar.

5 Se lija la superficie y se vuelve a repetir la operación completa de emplastecer y lijar.

Este macetero podrá contener plantas que vivan en un recipiente de cristal, que evite que la pasta de papel se humedezca.

6 Con un lápiz se dibujan los arabescos escogidos para la decoración.

7 Se pinta con el granate y el turquesa. En este caso se ha utilizado pintura plástica.

8 Se pintan unos triángulos con esmalte dorado y otros con esmalte plateado. Por último, cuando la pintura seque, se aplica una capa de barniz mate.

Plato

Un sencillo plato hondo es un molde cómodo y perfecto para conseguir una colección de platos decorativos de pared, tantos como nuestra imaginación pictórica nos indique, ya que el proceso hasta conseguir el plato de papel es sencillo y rápido.
Entre las posibilidades decorativas que aquí se muestran, se incluyen hojas y flores prensadas, aplicación de dorados...

Necesitaremos:
* Un plato hondo.
* Jabón líquido.
* Papel de periódico.
* Cúter.
* Engrudo.
* Aguaplast.
* Papel de lija.
* Pintura plástica.
* Pinceles.

1 Con jabón líquido se embadurna el interior y un centímetro del borde exterior del plato.

2 Se procede colocando las tiras de papel, previamente mojado, escurrido y encolado, disponiéndolas con el engrudo hacia arriba de manera radial, apretando con los dedos para eliminar las rugosidades y las burbujas de aire. Hay que dejar que el papel sobrepase el borde del plato.

3 Terminada la primera capa de tiras de papel blanco, se encola la superficie con el engrudo.

4 Se encola una hoja de papel rosa y se trocea, disponiendo las tiras con la cola hacia abajo en sentido perpendicular respecto a la capa anterior. Se van alternando del mismo modo sucesivas capas de papel blanco y rosado, encolando cada vez, hasta un número de siete a diez capas.

Se puede apreciar la base de papel para el plato acabada y recortada.

5 Una vez seco, se vuelca el plato sobre la mesa y con un cúter se incide alrededor del borde, cortando las tiras de papel sobrante.

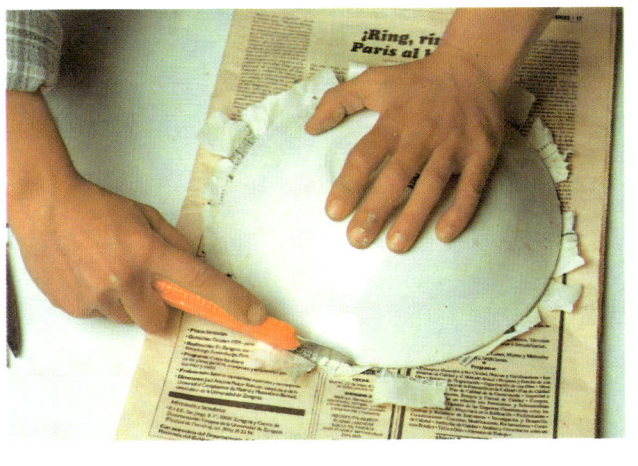

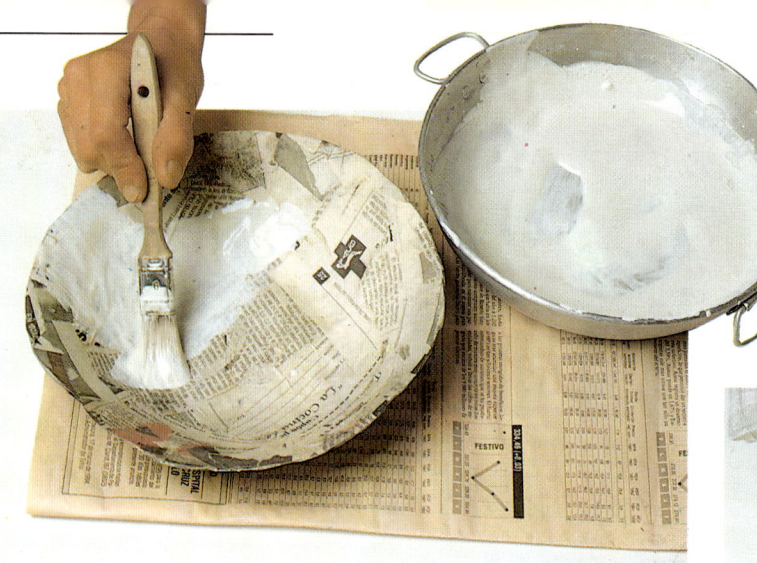

6 Se prepara el aguaplast y se esperan diez minutos a que cuaje antes de aplicarlo sobre el plato, con pincel, por ambas caras.

El plato lijado y seco.

7 Cuando está seco, se lija toda la superficie y se repite la operación de emplastecer y lijar.

8 Se prepara abundante color teniendo en cuenta que se ha de pintar el plato por las dos caras.

9 Se aplica el fondo con un pincel y se deja secar.

10 Se decora el interior del plato utilizando para esta labor final un pincel fino. El plato así pintado puede impermeabilizarse con una ligera mano de barniz mate.

El plato acabado, con distintas decoraciones.

Alhajas

Para empezar a familiarizarnos con la pasta de papel, os proponemos un sencillo ejercicio: la elaboración de pequeñas piezas como peces exóticos, que por parejas pueden servir de pendientes o individualmente de divertidas agujas de corbata.

Necesitaremos:
* Pasta de papel.
* Aguaplast y papel de lija.
* Pintura plástica y pinceles.
* Berbiquí.
* Alambre y alicates.
* Cola blanca.

1 Con los dedos se modela la pasta de papel, dándole la forma diseñada. Se realizan varias piezas a la vez y luego se dejan secar.

2 Con el pincel se aplica una mano de aguaplast, por ambas caras, y se deja secar. A continuación se lija un poco la superficie.

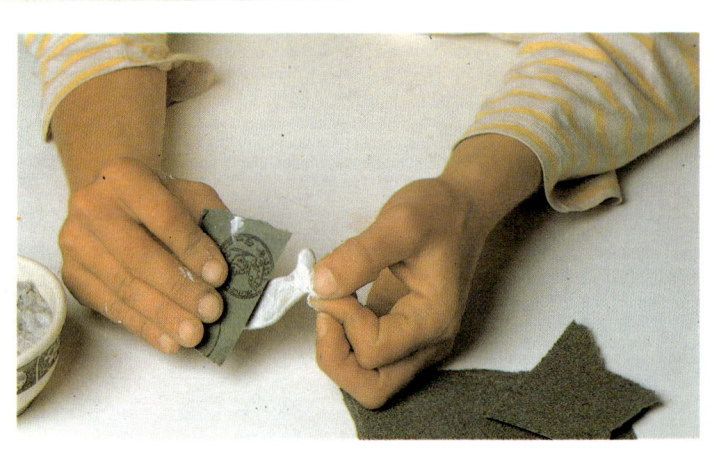

3 Se pintan los peces con colores plásticos y se dejan secar.

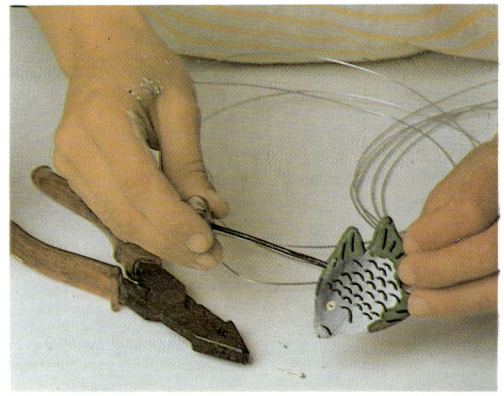

4 Con un berbiquí o una barrena, se realiza un pequeño agujero en la parte superior.

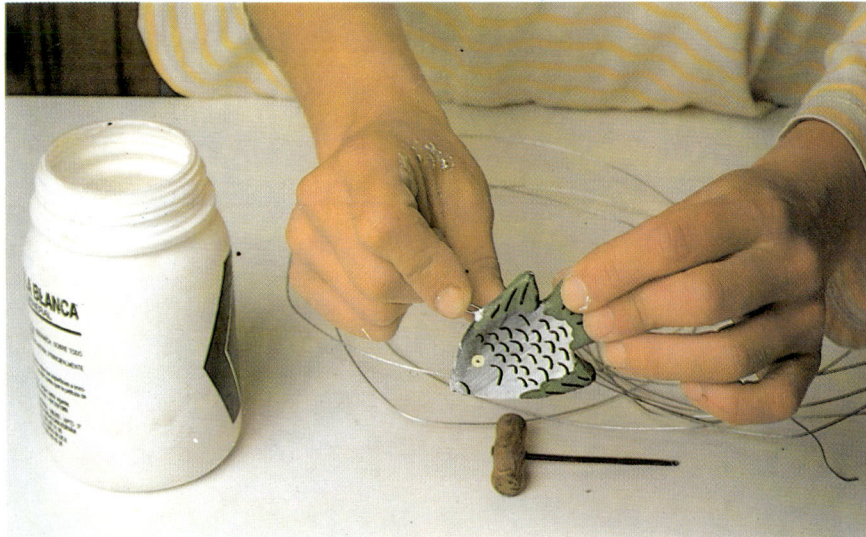

5 Se hace un gancho con alambre fino y se introduce en el orificio, añadiendo una gota de cola blanca.

Sol

Este sol, realizado con tiras de papel sobre un molde de barro, se puede colgar en la pared como un cuadro, o en el techo como un móvil, con la salvedad de que en el segundo caso, habrá que emplastecer de aguaplast y pintar al sol también su cara posterior. En este ejercicio se usa una fotocopia del boceto original, que permite calcar el dibujo sobre la plancha de barro con bastante exactitud para poder ensamblar las diferentes capas de que consta el relieve.

Necesitaremos:
* Arcilla.
* Palillos de modelar.
* Rodillo.
* Cúter.
* Punzón.
* Papel de periódico.
* Engrudo.
* Aguaplast.
* Pintura plástica y pinceles.
* Tijeras e hilo de bramante.

1 Sobre una placa grande de barro hecha con ayuda del rodillo, se calca con un punzón la fotocopia. A continuación se recorta la silueta con un cúter.

Se puede apreciar el boceto previo a este ejercicio.

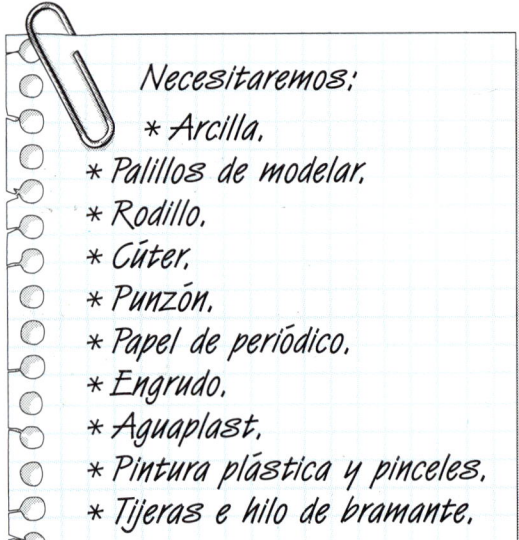

La silueta de barro.

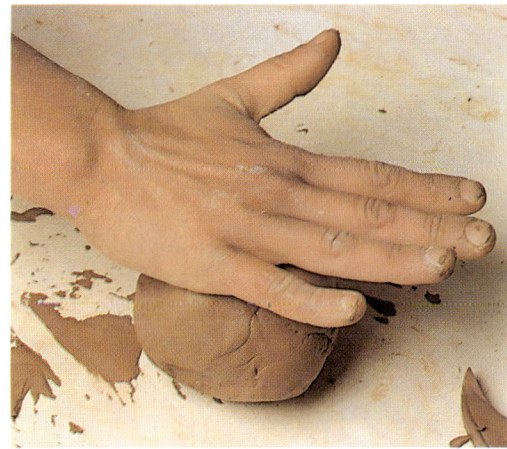

2 Con el barro sobrante se realiza una bola y se chafa con la palma de las manos, hasta conseguir un círculo del tamaño de la cara del sol.

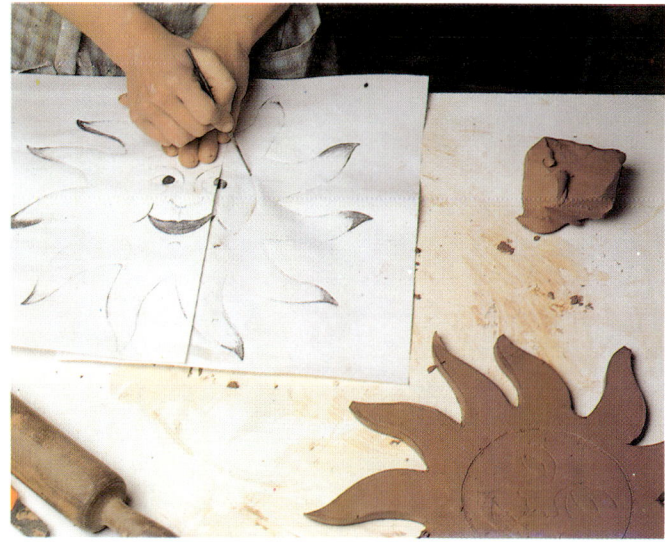

3 Con el punzón se calcan sobre esta placa circular los detalles de la cara y su silueta.

4 Se corta con el cúter el sobrante de barro de la silueta.

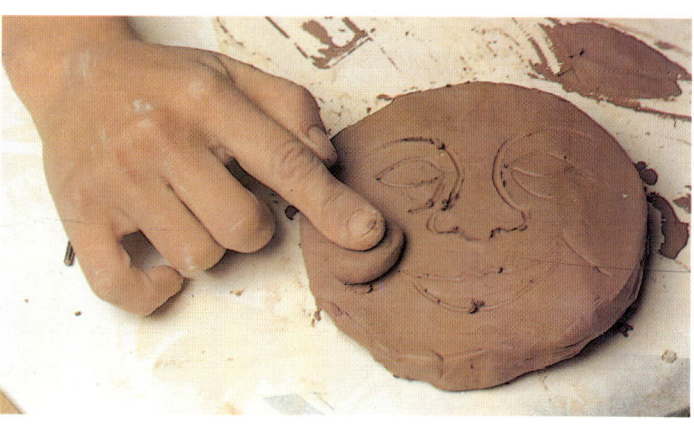

5 Se empieza a dar volumen a la cara, añadiendo bolitas de barro en las mejillas, la nariz y la frente, y trabajándolas con los dedos.

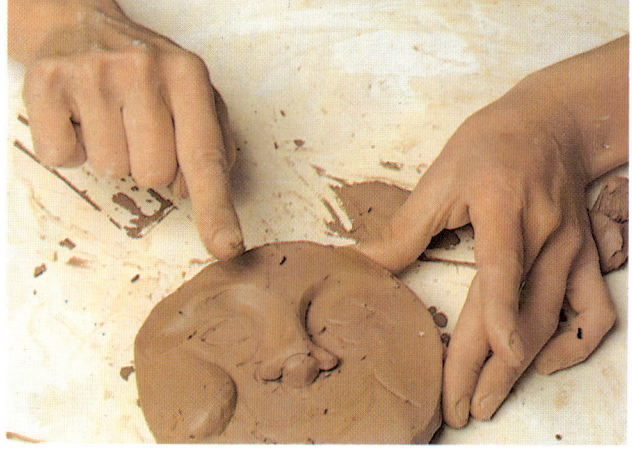

La cara del sol terminada.

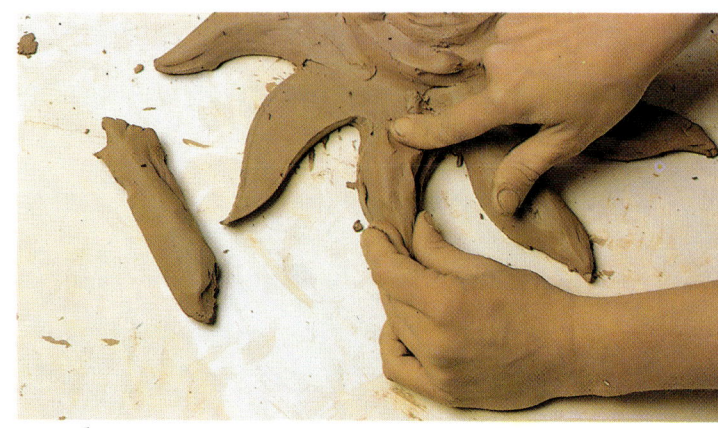

7 Ahora hay que lograr que los rayos también tengan su relieve, añadiendo churros de barro, hasta completar toda la superficie.

6 Se sitúa la cara sobre la base realizada con anterioridad y se redondean y suavizan las juntas, trabajando con los dedos.

8 Se vierte un poco de aceite sobre la figura de barro, y se extiende con un pincel plano o una brocha hasta embadurnarla totalmente.

9 A continuación se mojan las hojas de papel de periódico y se depositan planas sobre la mesa de trabajo, extendiendo el engrudo sobre la primera de éstas.

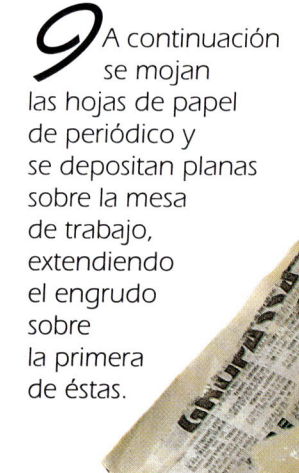

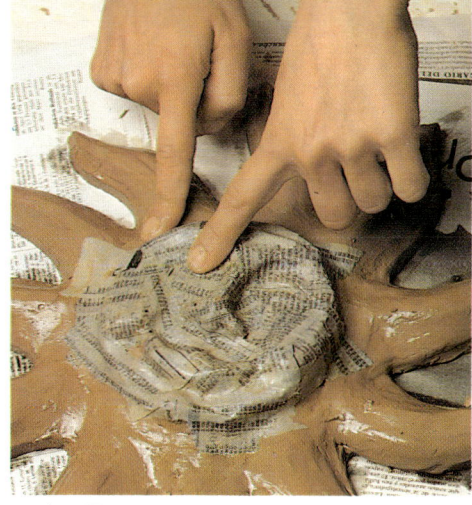

11 Una vez cubierta la parte central, se prosigue hasta cubrir con papel todo el sol. Una vez terminada esta operación, se extiende una mano de engrudo sobre toda la superficie.

10 Se rasga una tira de papel, y se van cortando pequeños trozos de ésta, poniéndolos con la cola hacia arriba sobre la superficie de la cara y ajustándolos con los dedos.

12 Se procede a la aplicación de una segunda capa de tiras, esta vez de otro color, y así sucesivamente hasta tener un grueso de ocho a diez capas, siempre dando una mano de cola al terminar cada capa.

13 Se deja secar en un sitio ventilado y, cuando el papel está completamente seco, se desprende de la arcilla.

14 Con unas tijeras o un cúter se recortan las rebabas de papel. Para darle un mejor acabado en este punto y para reforzar los extremos, se puede optar por colocar unas tiritas de papel encolado en los bordes.

15 Se engancha un cordel por detrás, aguantándolo con unas cuantas tiras de papel encoladas.

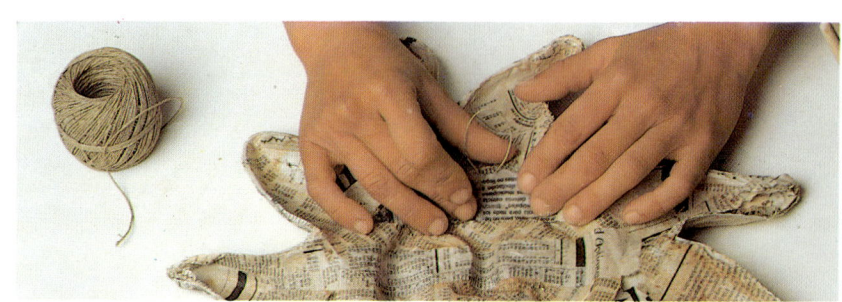

16 Se cubre el sol con dos manos de aguaplast, también por el reverso de la figura. Debemos esperar a que se seque entre mano y mano de aguaplast. A continuación, cuando esté seca la última capa, se lija.

17 Se empieza a pintar el fondo de color amarillo ya sea con acrílico o con pintura plástica.

18 Con color rojo se pintan los extremos de los rayos, difuminándolo con amarillo, y luego la boca y las mejillas. Por último se pintan los ojos dando un pequeño brillo blanco en el iris.

Tapiz de pasta prensada

La técnica de la pasta coloreada y prensada, a buen seguro, te cautivará por sus posibilidades. Aunque, al principio los resultados tendrán bastante más que ver con la casualidad que con la exactitud, con un poco de práctica, podrás hacer originales cuadros a partir de bocetos, con mayor control. El secreto reside en la humedad correcta de la pasta, el comportamiento de los colorantes al secarse, y en trabajar con mucha limpieza, para evitar mezclas indeseadas.

1 Se preparan los tres colores mezclando por separado en vasitos, pasta de papel y gouache granate, azul y naranja. El cuarto color, blanco, es la pasta cruda.

2 Sobre una cama de papel de periódico, se coloca una gasa, y alrededor los cuatro colores.

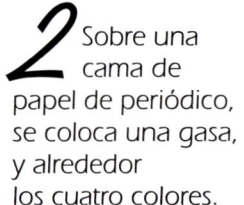

3 A base de churros y triángulos, previamente modelados en las manos, se va formando la composición sobre la gasa, hasta que la demos por terminada o no nos quede más pasta.

4 A continuación, se coloca otra gasa encima de la composición mojada y más hojas de papel de periódico. Se pasa un rodillo, presionando ligeramente, pero sin excederse para evitar que las pastas se mezclen demasiado.

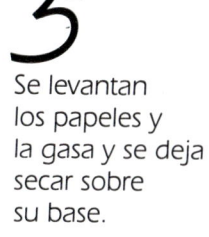

5 Se levantan los papeles y la gasa y se deja secar sobre su base.

Se puede observar, que una vez seco, el color se aclara un poco.

6 Sobre el tapiz seco se puede seguir pintando como si se tratara de un papel de dibujo.

Necesitaremos:
* *Pasta de papel.*
* *Gouaches.*
* *Cucharillas y vasitos.*
* *Rodillo.*
* *Gasa.*
* *Periódicos.*

Jarrón

El jarrón que proponemos está realizado a partir de un globo, utilizando tiras de papel de periódico y cartón piedra (base y cuello), unidas con cinta adhesiva de papel.
En la fase de pintado se han aprovechado las imperfecciones de la superficie para conferir un aspecto de objeto antiguo y se ha utilizado un tampón de patata para imprimir algunas figuras.

3 Utilizando un cordel como compás, se marca con lápiz una línea equidistante del centro.

2 Se puede apreciar como deliberadamente se han dejado algunas arrugas en las tiras de papel.

4 Se recorta por la línea con un cúter. En este momento el globo explotará y el globo de papel ofrecerá menos resistencia, por lo cual no hay que apretar con la mano izquierda. Esta es la abertura de la base y se ha de tapar con un círculo de cartón piedra.

1 Se hincha un globo y se recubre con diversas capas de tiras de papel encoladas.

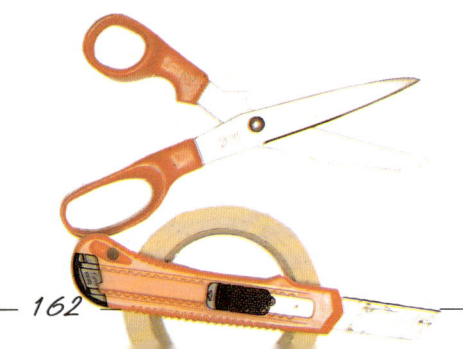

5 Se coge una hoja de cartón piedra seco, se recorta la circunferencia de la base recién cortada y una tira curvada, para hacer el cuello del jarrón.

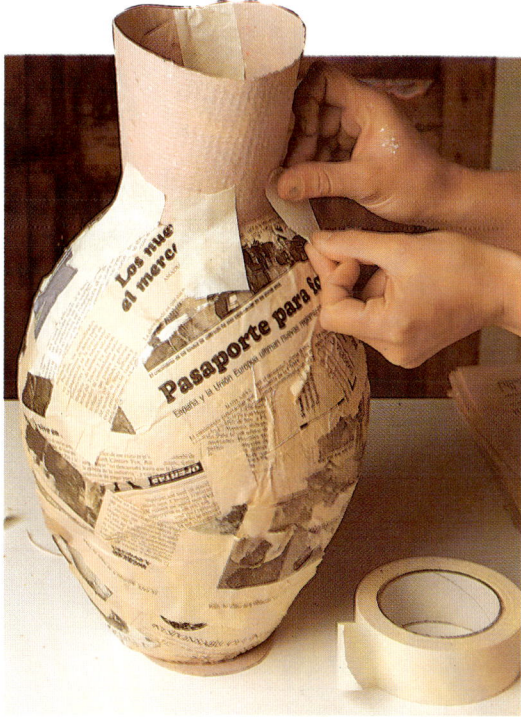

7 Con pintura plástica blanca se cubre el jarrón.

6 Se sujeta con la cinta adhesiva de papel a la superficie del jarrón. A continuación con el cúter se hace un agujero en la parte del globo encerrada por el cuello. Se recubre la junta, después, con trocitos de cartón.

8 Cuando la primera capa de blanco haya secado, se da una segunda de marrón, dejando entrever parte del fondo, para que adquiera más textura.

Necesitaremos:
* Un globo.
* Papel de periódico, cartón y engrudo.
* Cinta adhesiva de papel y cúter.
* Pintura pástica y pinceles.
* Una patata.

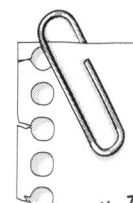

9 Se van dibujando grecas y figuras con pintura negra y pincel fino. Incluso se puede crear un tampón utilizando media patata, con el que imprimir algunos motivos repetitivos.

Llavero

En este ejercicio se trabaja mediante un molde para realizar un cuadro tridimensional al que se le ha dado una utilidad. Es un práctico llavero de pared, en el que se representa en relieve el escenario de la plaza mayor de un pueblo.

1 Con el rodillo se prepara una plancha de barro de unos dos centímetros.

Necesitaremos:
* Arcilla roja.
* Rodillo e hilo de nylon.
* Palillos de modelar y buril.
* Cúter y regla.
* Escayola.
* Un cubo y una palangana.
* Un listón de madera.
* 3 alcayatas y berbiquí.
* Cola blanca.
* Cartón piedra gris y rosa.
* Pintura plástica y pinceles.

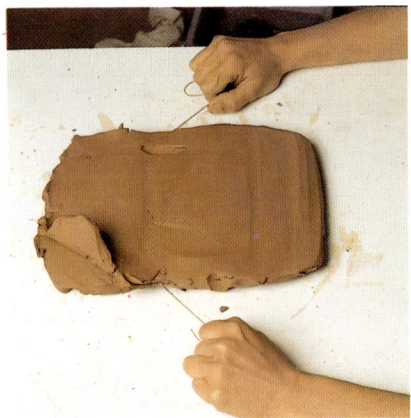

2 Con el fin de conseguir una segunda plancha, se corta ésta por la mitad, pasándole un hilo de nylon firmemente cogido con las dos manos.

3 Se recortan los bordes de una de las planchas, con la ayuda de un cúter y una regla para obtener un rectángulo.

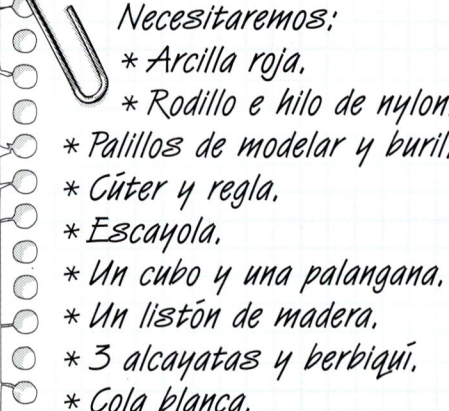

4 Con un punzón se marca el dibujo, observando cuidadosamente el boceto.

5 Sobre la segunda placa se empiezan a recortar la silueta del primer conjunto de casas.

6 Se ensambla sobre la base, apretándola y puliendo los extremos con un palillo de modelar. Se procede así hasta terminar todas las casas.

7 Se realiza un churro de barro, haciéndolo rodar sobre la mesa y se coloca sobre la base del relieve para tener más altura en esta zona.

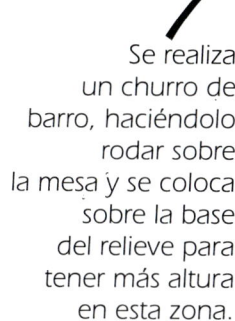
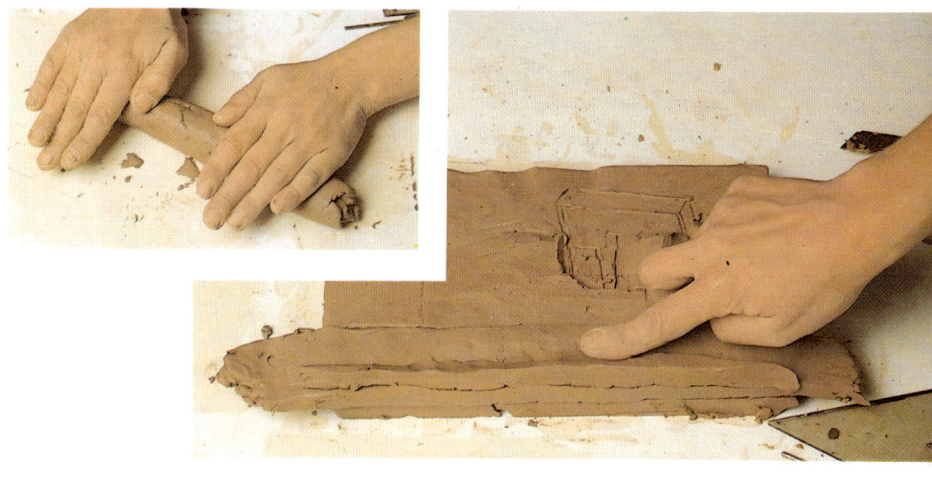

8 Con el palillo de modelar se realizan los detalles, como la farola central, las puertas y las ventanas.

9 Se dispone el relieve sobre un periódico abierto y se empieza a colocar a su alrededor un marco también de barro, que sobrepase a la pieza en altura, apretándolo bien contra el soporte de periódico para que no tenga agujeros.

10 Ahora se procede a preparar el yeso. Hay que recordar que en estos pasos es conveniente vestir ropa de trabajo, que no importe manchar. En un cubo con un volumen de agua equivalente al doble del de la pieza, se espolvorea el yeso hasta que la montañita que se crea en el centro no baje más.

12 Se empieza a echar el yeso encima de la pieza, despacio y procurando que no salga fuera del marco.

11 Con las manos protegidas por los guantes, se remueve bien, disolviendo los grumos.

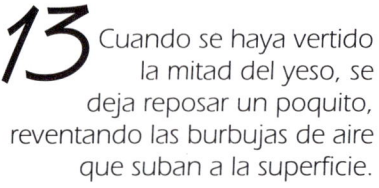

13 Cuando se haya vertido la mitad del yeso, se deja reposar un poquito, reventando las burbujas de aire que suban a la superficie.

14 Se termina de cubrir la superficie con el yeso y se deja secar

15 Cuando el yeso esté seco, se quita el marco de barro que lo rodea.

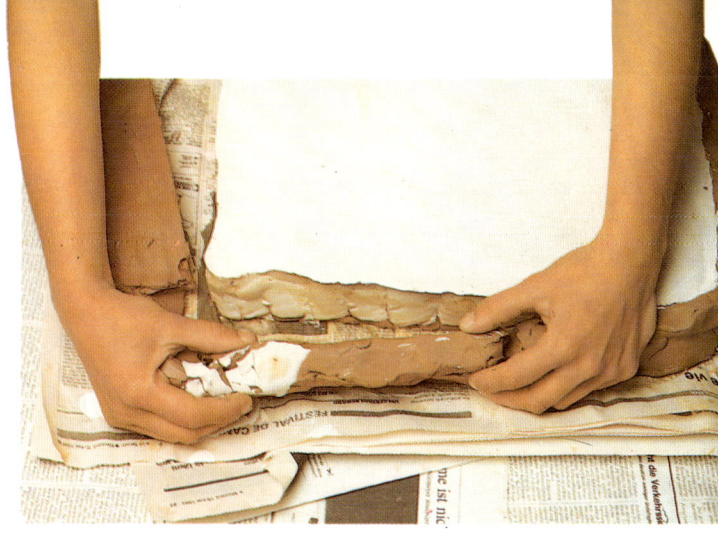

16 Dándole la vuelta al molde se extrae el barro del interior, buscando con el palillo un principio que permita tirar de la placa.

17 Con el cúter se trabajan los ángulos y las aristas, como cantos y bordes de casas.

18 El molde se puede pulir un poco más con un palillo de modelar plano. Cuando el barro esté seco se acaba de quitar con un trapo.

19 A continuación se mojan unas hojas de cartón piedra y se escurre el exceso de agua.

20 Se sitúan al lado del molde, y con un pincel se encola con engrudo la primera hoja de cartón mojado.

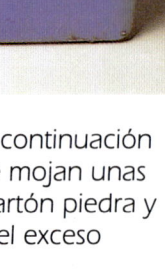

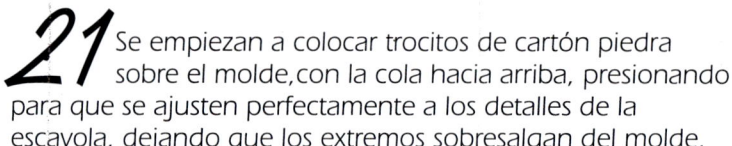

21 Se empiezan a colocar trocitos de cartón piedra sobre el molde, con la cola hacia arriba, presionando para que se ajusten perfectamente a los detalles de la escayola, dejando que los extremos sobresalgan del molde.

Aquí se puede apreciar el molde recubierto por una primera capa de cartón piedra. Nótese cómo el cartón sobresale en un centímetro respecto al borde del molde.

22 Se encola la superficie del cartón piedra dentro del molde con el engrudo y la ayuda de un pincel.

23 La segunda capa de cartón piedra será de color rosa; es necesario encolarla con el engrudo.

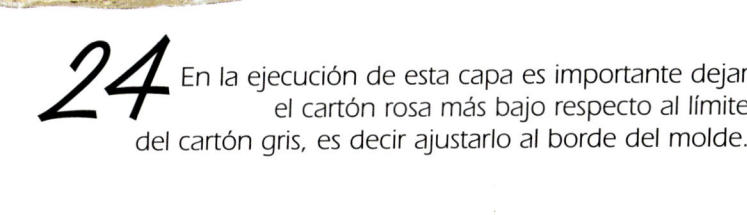

24 En la ejecución de esta capa es importante dejar el cartón rosa más bajo respecto al límite del cartón gris, es decir ajustarlo al borde del molde.

25 Una vez cubierta toda la superficie hay que repasar el trabajo, presionando con los dedos para que el cartón adquiera la forma del molde; a continuación se encola todo con abundante engrudo.

26 Con los dedos se doblan los cantos.

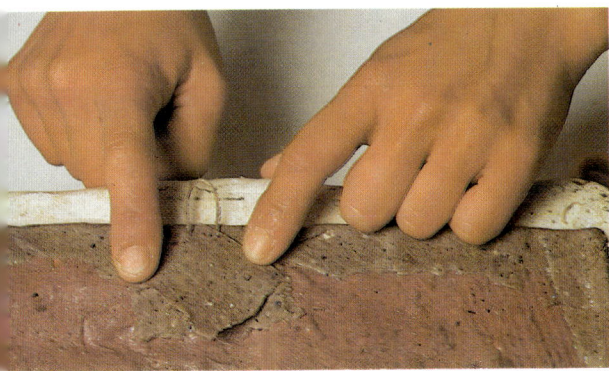

27 Todavía mojado el cartón, se incorpora, en el centro del borde superior, un bucle hecho de cordel, aprisionándolo con cartón encolado. Se deja secar la pieza en un lugar ventilado.

El cambio de color, una vez seco, que se aprecia en la fotografía, será el aviso para poder seguir trabajando en esta pieza.

28 Cuando el cartón piedra está seco se extrae del molde de yeso.

29 Se pasa una mano de engrudo sobre la superficie así obtenida. Esta mano de cola sirve para acabar de alisar la superficie, encolando los trozos que pudieran haberse desprendido al separar la pieza del molde de yeso.

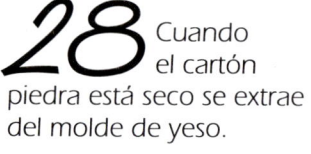

30 Se encola la madera por detrás, en el orificio previsto para ello, utilizando cola blanca.

31 Con el berbiquí se hacen tres agujeros en la base de la composición, atravesando la madera y se atornillan las alcayatas.

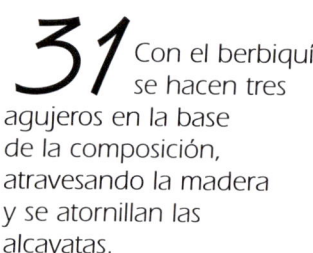
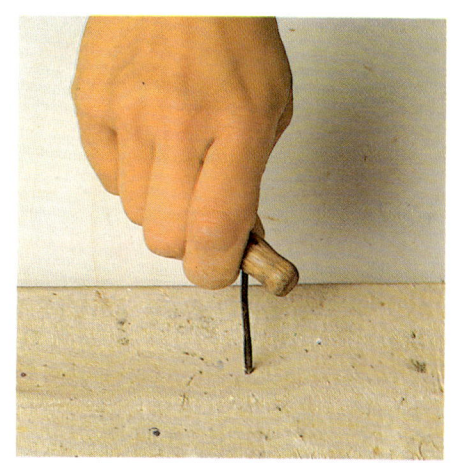

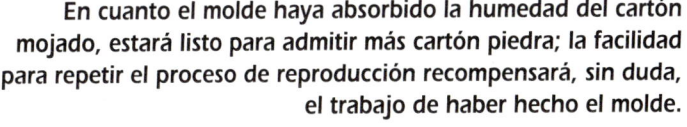

En cuanto el molde haya absorbido la humedad del cartón mojado, estará listo para admitir más cartón piedra; la facilidad para repetir el proceso de reproducción recompensará, sin duda, el trabajo de haber hecho el molde.

32 Se comienza a pintar. En este caso hemos utilizado pintura plástica. Es recomendable empezar a cubrir primero las grandes superficies de color, cielo, fondo... y luego pasar a los detalles. Por último se puede barnizar si se desea, utilizando barniz incoloro.

Espejo de baño

En este ejercicio abordamos la realización de un marco con la inclusión de un espejo, que se sujeta exclusivamente con hojas de cartón piedra encolado, lo cual es posible, dado el poco peso de la pieza, siempre y cuando el espejo sea ligero, por ejemplo de 3 mm. En el acabado se utiliza pintura plástica, subrayando los volúmenes del cartón.

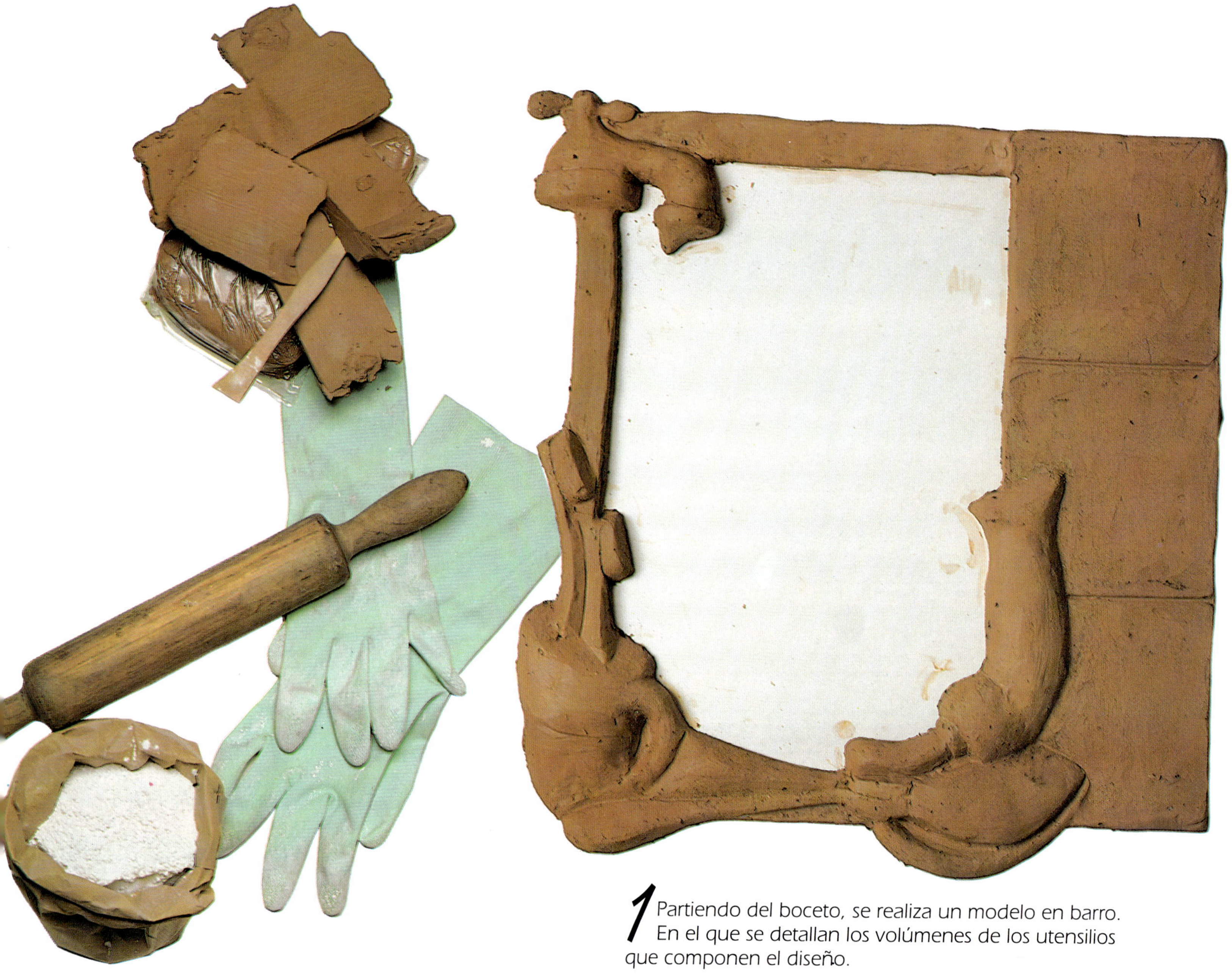

1 Partiendo del boceto, se realiza un modelo en barro. En el que se detallan los volúmenes de los utensilios que componen el diseño.

2 Para realizar el molde perdido, se construye un marco de barro alrededor de la pieza, dos dedos más alto que ésta, cuidando que no queden huecos y que esté bien apretado contra la mesa de trabajo.
Lentamente, se vierte la escayola, la cual se habrá preparado con abundancia, y se deja secar. Posteriormente se saca el barro.

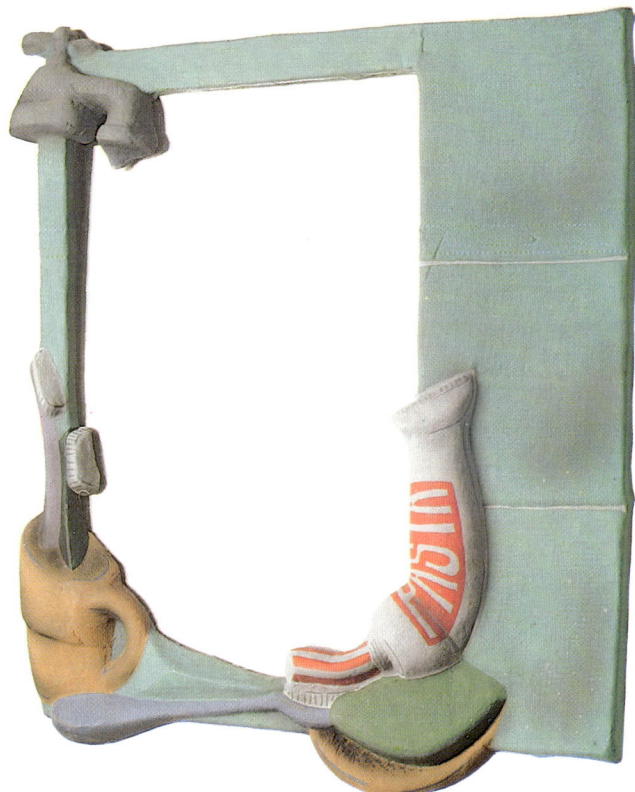

El molde está listo para trabajar con el cartón.

Necesitaremos:
* Barro y palillos de modelar.
* Yeso, un cubo, guantes de goma.
* Cartón piedra.
* Engrudo.
* Espejo de 35 x 50 cm, de 3mm de espesor.
* Alambre y alicates.
* Pintura plástica y pinceles.

3 Se encola con engrudo el cartón piedra gris previamente mojado. Se empieza a colocar sobre el molde, con la cara encolada hacia arriba, apretando con los dedos para que se adapte al modelado y dejando que sobresalga por los bordes.

4 Se coloca la segunda capa de cartón, esta vez de color rosado, con la cara encolada hacia abajo, ajustándolo al límite del molde. Una vez recubierta toda la superficie, se da una última capa de engrudo y se cierran los cantos doblando el cartón gris sobre el rosa. Se deja secar y se extrae del molde

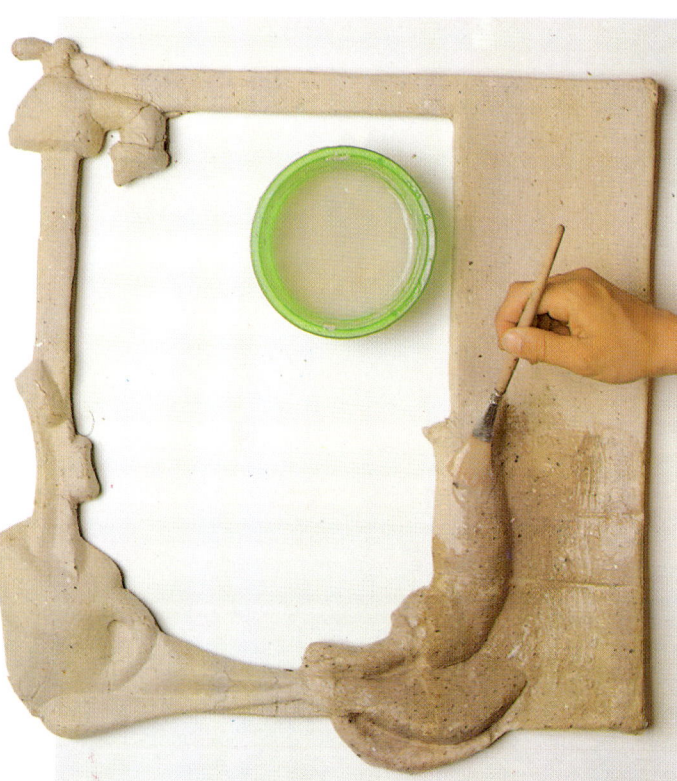
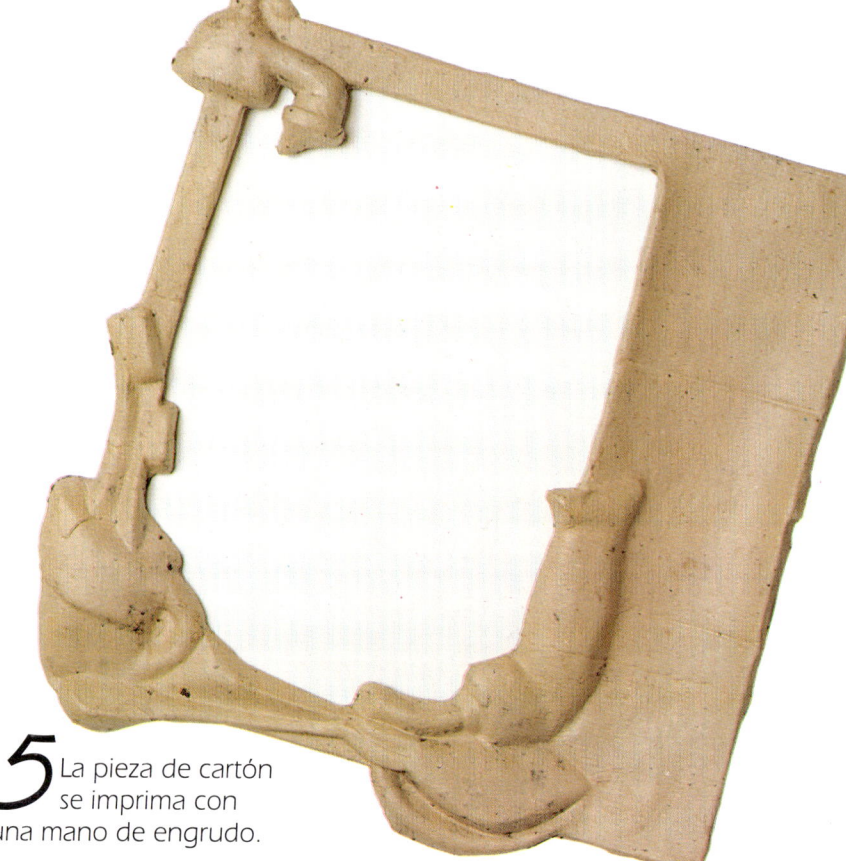

5 La pieza de cartón se imprima con una mano de engrudo.

6 Utilizando pintura plástica se mezclan los colores para cubrir las grandes superficies, empezando por los azulejos.

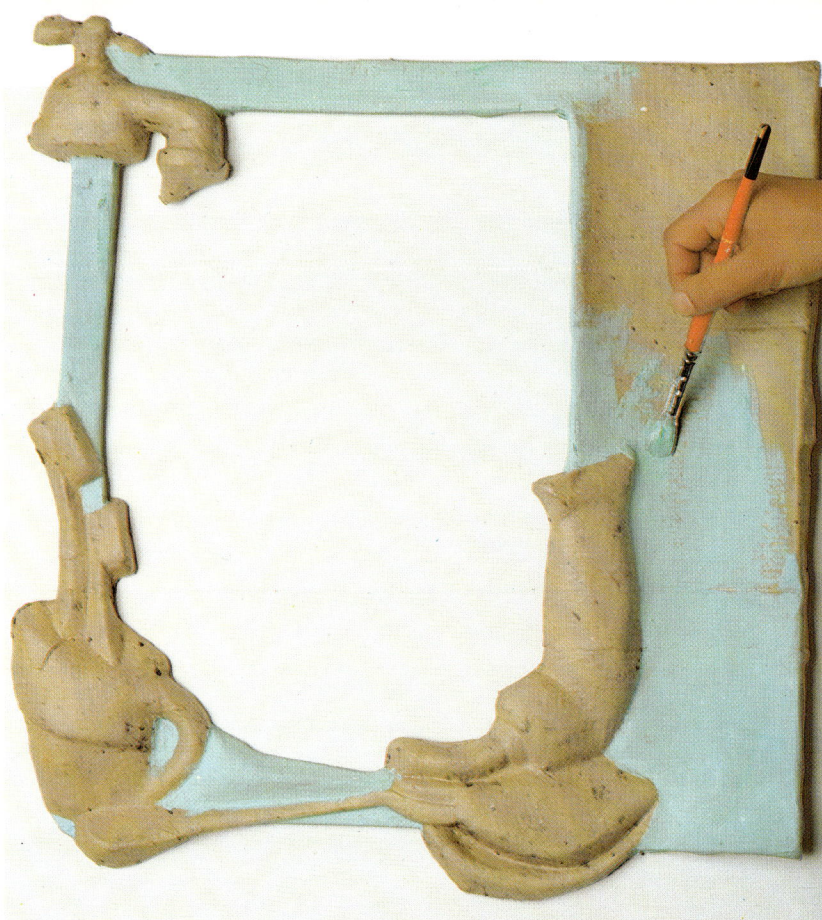

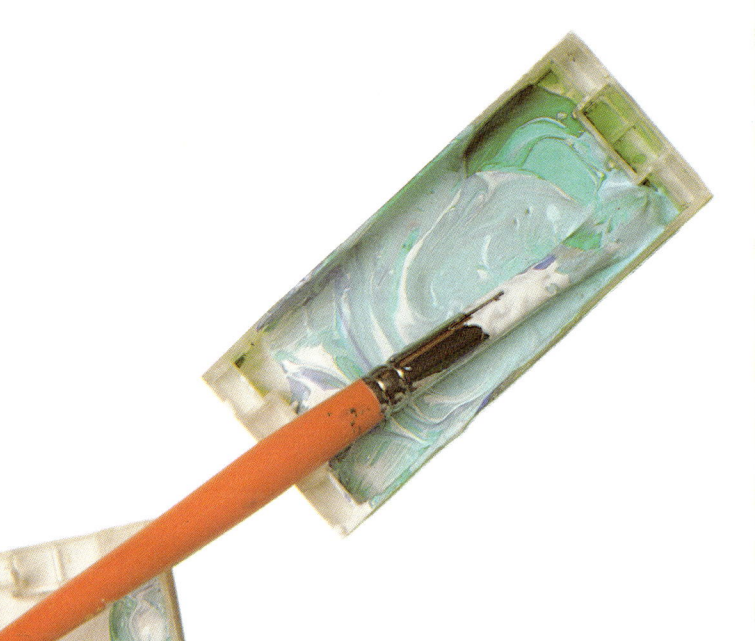

7 En último lugar se pintan los detalles con un pincel fino y se marcan, a modo de trazos sueltos, la rosca de tubo de pasta y las aristas de los distintos elementos.

8 Para realzar el volumen, se pueden pintar las sombras con pintura plástica negra, muy aguada, por ejemplo, en el grifo, el vaso, el platillo del jabón...

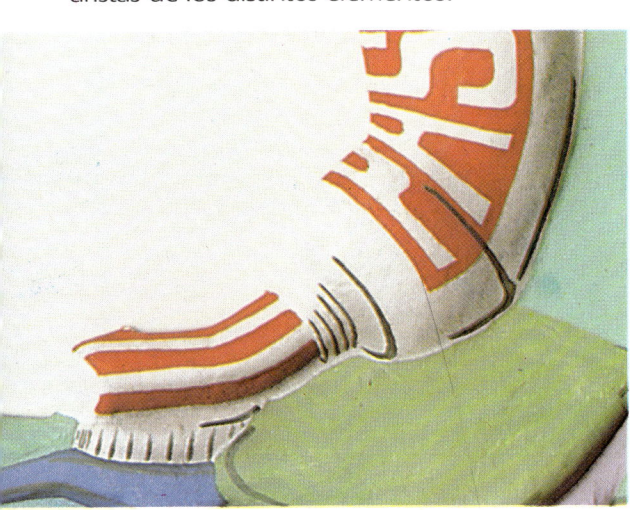

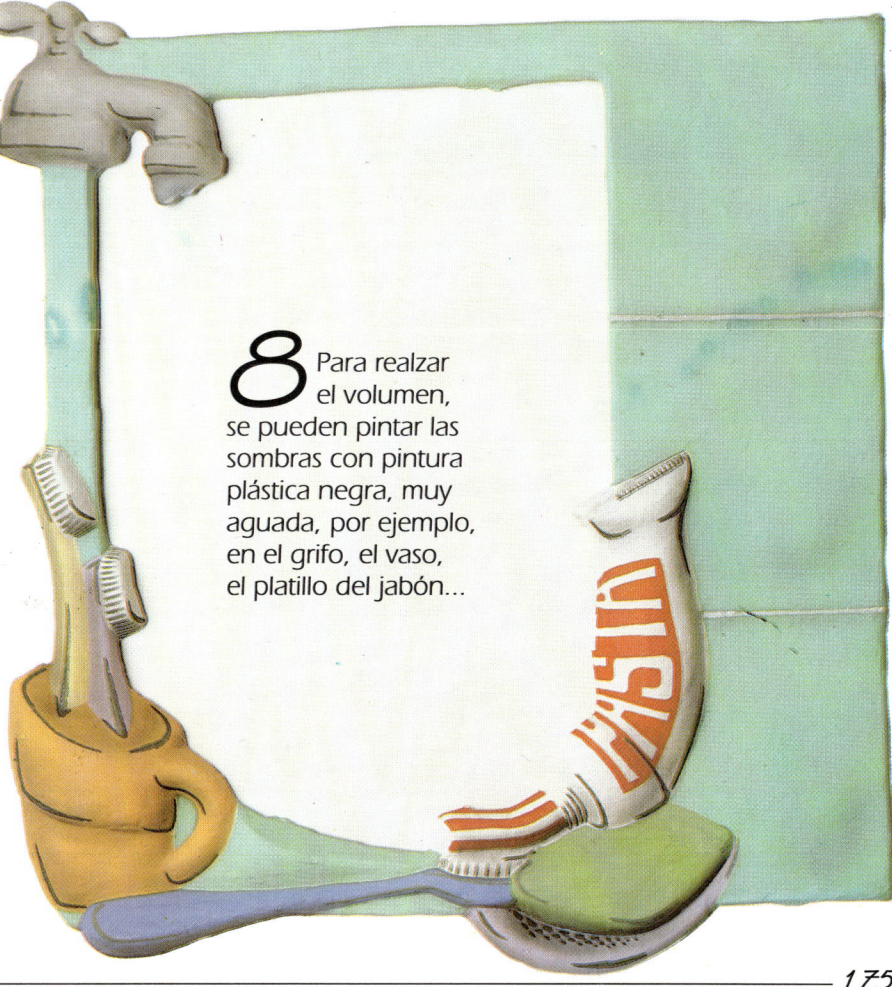

9 Cuando la pintura haya secado totalmente, se coloca el espejo.

10 Se encolan hojas de cartón mojado así como el reverso del espejo y se colocan de forma que cubran su superficie. Se refuerzan los cantos añadiendo trocitos de cartón, alrededor del borde del espejo.

11 Se hace un bucle con alambre y se cubre con unos cuantos trozos de cartón encolado, dando al final una última capa de engrudo.

El espejo terminado, con la autora reflejada en él.

Niña

Este modelo, llevado a cabo según el sistema de las tiras de cartón, ha sido realizado partiendo de una pieza de barro, elaborada por la autora. El molde que sirve de soporte a las tiras de cartón se compone de dos partes, frontal y posterior.
Con este ejercicio damos por terminado el aprendizaje básico de los moldes. Consideramos que con estas nociones usted podrá realizar prácticamente cualquier objeto que los precise.

1 Se realiza un modelo en barro de la figura diseñada, reduciendo al máximo los intersticios demasiado pronunciados y redondeando las aristas.

Necesitaremos:
* *Arcilla y palillos de modelar.*
* *Dos latas de refrescos.*
* *Una caja de cartón.*
* *Tijeras.*
* *Yeso.*
* *Pigmento o colorante rojo.*
* *Martillo y escarpa.*
* *Cartón piedra y engrudo.*
* *Pintura plástica y pinceles.*

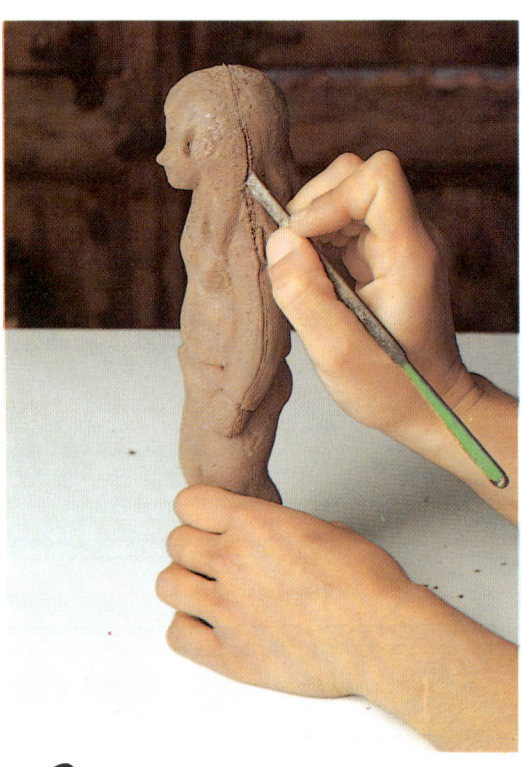

2 Con una herramienta puntiaguda se marca la pieza de barro por la mitad.

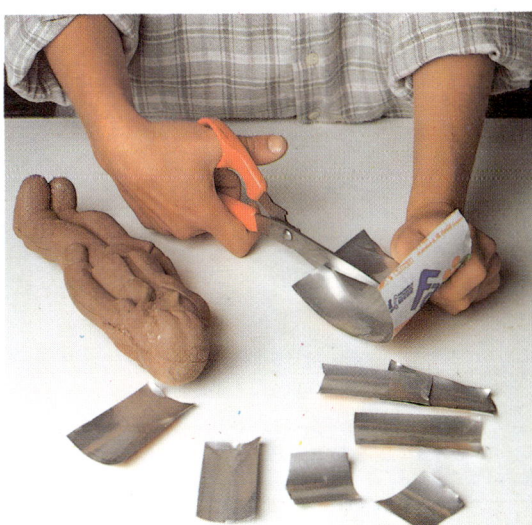

3 Se cortan con tijeras las dos latas de refrescos, en cuadrados de 4 cm de lado.

4 Se clavan los rectángulos de aluminio en la incisión efectuada en el paso nº2, procurando no dejar ningún espacio libre entre éstas. La pieza así preparada se deja secar un poco más.

5 A continuación se hacen los preparativos para hacer el molde. Se dispone una caja de cartón abierta, como se muestra en la foto, de manera que cubra la parte inferior y posterior de la pieza de barro y se coloca la figura de barro en posición frontal.

6 Se prepara el yeso: primero se llena un recipiente de plástico con un volumen de agua equivalente al doble de la pieza (es mejor pasarse en la cantidad de agua que falte). Luego se rocía el yeso y se remueve con las manos. Cuando ha espesado un poco, se va mojando una mano en él y se salpica sobre la pieza.

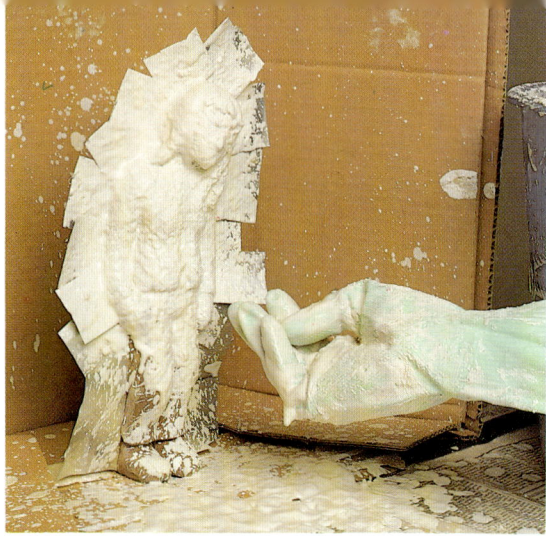

7 Se continúa salpicando yeso sobre la pieza, cerrando y abriendo el puño con el fin de que el yeso forme una fina película alrededor de la pieza sin riesgo de que queden burbujas.

9 Cuando se ha terminado de verter yeso, se redondea la parte exterior con las manos.

8 Se deja secar el yeso unos instantes. Antes de seguir vertiendo yeso, ahora en mayor cantidad para engrosar las paredes del molde.

- 180 -

10 Transcurridos unos minutos, se levanta la pieza y se deja horizontal sobre la mesa. Se van quitando las chapas levantándolas con ayuda de una espátula si es necesario.

11 Con la espátula se alisa la superficie de yeso, como se muestra en la foto y, si ha quedado algún agujero, se tapa con escayola.

12 Con una moneda de unos 2 cm de diámetro se hacen tres agujeros para hacer posible que este molde encaje con precisión en el otro. A continuación se limpian los restos de yeso que han quedado sobre la figura de barro.

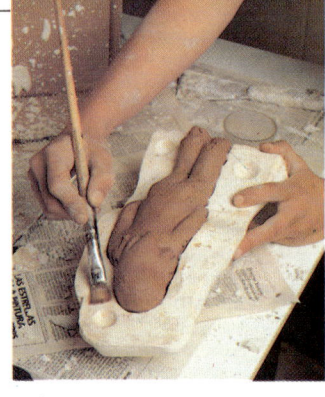
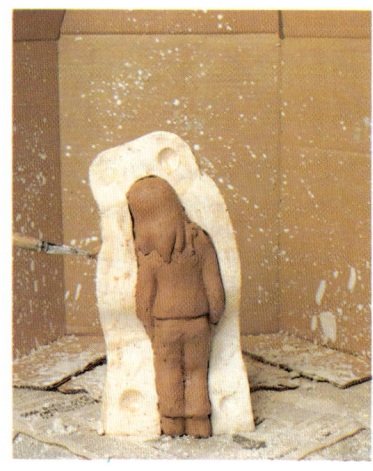

13 Con un pincel se aplica jabón líquido sobre la parte interior del molde y también un centímetro por fuera y se coloca la figura de pie.

14 Se empieza a preparar otro recipiente de yeso, esta vez añadiéndole una cucharada de pigmento o tierra para darle un color diferente al primer trozo de molde que facilite la apertura posterior. A continuación se cubre la figura repitiendo el mismo proceso de la primera mitad.

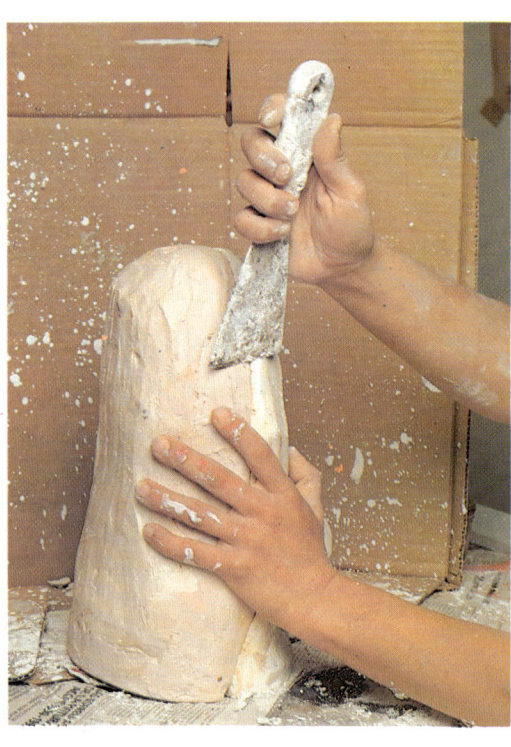

15 Una vez terminada de recubrir la otra mitad de la pieza, esperando unos minutos para que el yeso seque un poco, se rasca la junta de los dos moldes con una espátula a fin de encontrar la unión con precisión.

16 Con un cincel clavado en la parte superior de la junta, se dan unos golpecitos con el martillo hasta separar las dos partes del molde.

17 Con un cúter se alisan las aristas en los moldes, y con un trapo se limpian los restos de barro.

18 Se empiezan a llenar los moldes con tiras de cartón mojado y encolado, dejando que la primera capa (cartón gris) sobresalga un centímetro de los bordes, mientras que la segunda (cartón rosado) se queda justo al límite.
Hay que presionar el cartón con los dedos para que se ajuste totalmente a todas las formas.
Y siempre recordar que, entre capa y capa, se extiende una mano de engrudo.

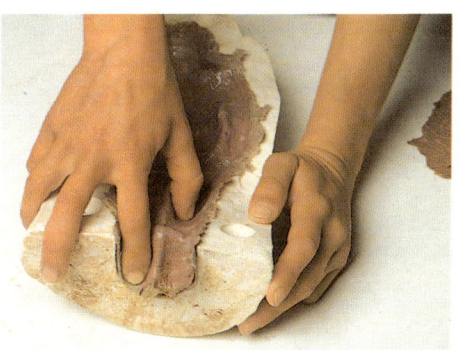

Puede apreciarse cómo quedan las dos partes del molde una vez sacado el barro.

19 Una vez rellenos los dos moldes se dobla hacia dentro el cartón que sobresale, sobreponiéndolo a la capa rosa, como muestra esta foto y se dejan secar.

21 Se prepara un trozo de cartón piedra, mojándolo y escurriéndolo, y se pinta con una mano de engrudo.

20 Una vez seco el cartón, se extraen las dos mitades de sus moldes.

22 Se pintan también con engrudo los bordes de las dos piezas de cartón.

24 Se aplica una mano de aguaplast sobre la pieza para conferirle más rigidez.

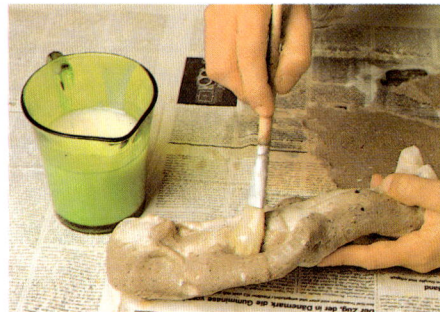

23 Se unen las dos mitades y se encolan trocitos de cartón piedra encima de la junta, cubriéndola totalmente. Por último, se da otra mano de engrudo y se deja secar un rato.

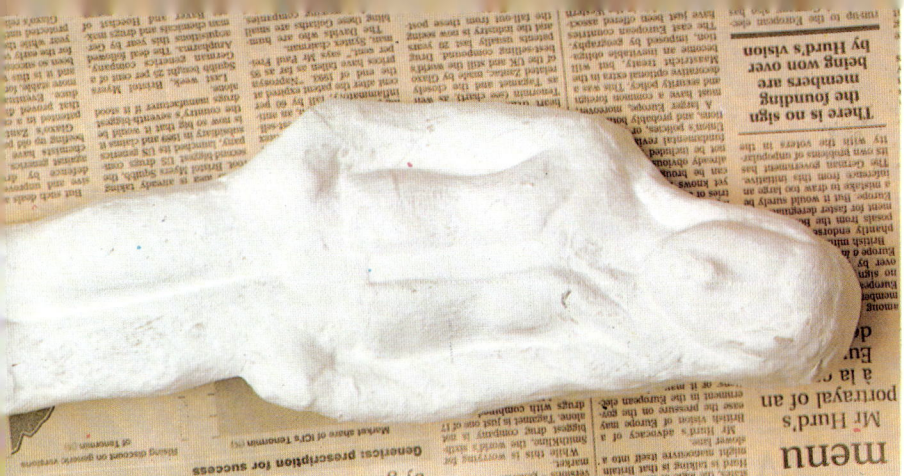

25 Una vez seco el aguaplast se lija la figura.

26 Se empieza a pintar la figura con colores plásticos, en tonos apastelados.

27 Por último se pintan con un pincel fino los detalles de la cara y del jersey.

Globo aerostático

El móvil que aquí se propone es un compendio de la técnica del papel en tiras sobre molde y sobre una estructura hecha a base de cartón y alambre. El ejercicio consta de tres partes que se realizan por separado: la realización del globo, el forrado de la caja y la realización del tripulante. En el montaje de las tres piezas se necesitará un poco de paciencia, pero cuando esté acabado, nos sentiremos satisfechos y recompensado el esfuerzo que habremos realizado.

1 Como molde se va a utilizar un globo hinchado.

2 Se va cubriendo la superficie del globo con tiras de papel blanco encolado. Al terminar la capa se extiende una mano de cola con engrudo.

3 Se recubre con otra capa de tiras de papel encolado, esta vez de color rosa, para poder llevar la cuenta de las capas. Se continúa encolando y cubriendo de tiras de papel, alternando los colores, hasta conseguir al menos ocho capas.

4 Cuando el globo de papel está seco, se cubre con una mano de aguaplast. Una vez seco el aguaplast, se lija el globo. Se repite esta operación otra vez y se deja secar.

5 Para que el color quede uniforme, se pinta el globo con una mano de pintura plástica de color blanco.

Necesitaremos:
* *Un globo de plástico.*
* *Papel de periódico.*
* *Engrudo.*
* *Aguaplast.*
* *Papel de lija.*
* *Una caja y un cilindro de cartón.*
* *Gasa y cordón*
* *Cola blanca.*
* *Tijeras, alambre, alicates, berbiquí y un cáncamo cerrado.*
* *Pintura plástica y pinceles.*

6 Con pintura plástica roja, se pintan cuatro gajos, intercalándolos con gajos blancos.

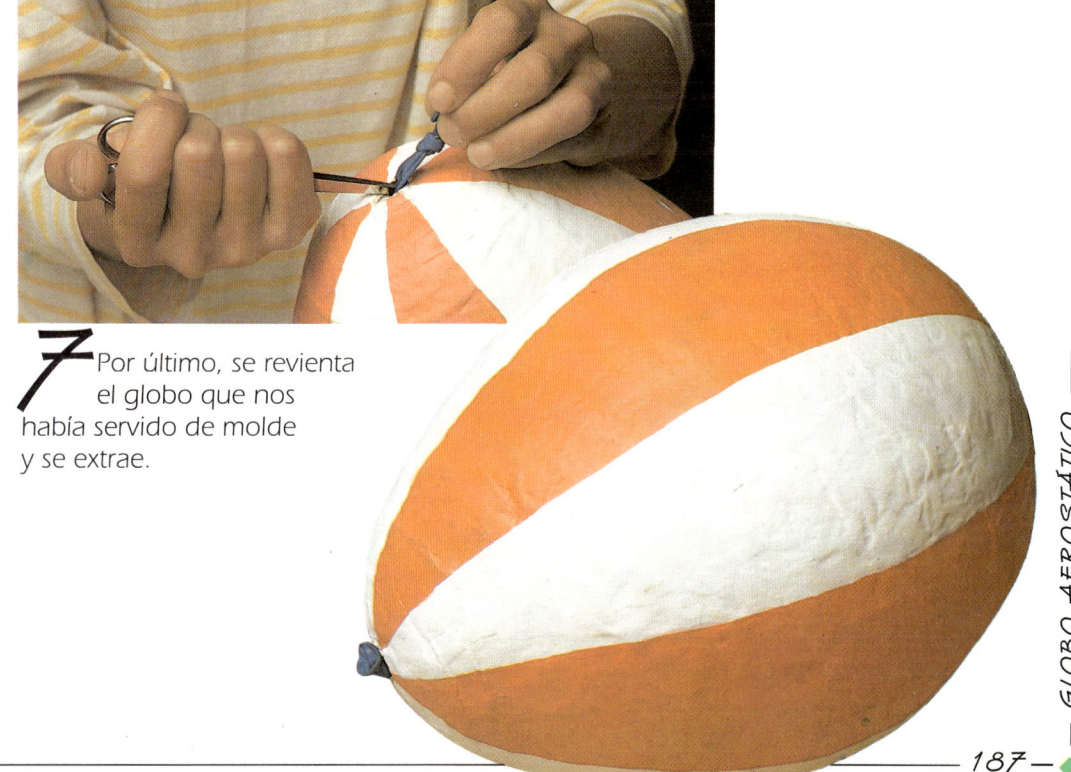

7 Por último, se revienta el globo que nos había servido de molde y se extrae.

9 Se recubre de cola blanca y se forra con tela de gasa blanca.

En esta fotografía puede verse la figura, realizada en plastilina, que servirá de ejemplo para realizar la estructura.

8 A continuación se corta a medida conveniente una caja de cartón y se pinta.

10 Para hacer la figura del tripulante..., torciendo alambre se consigue la estructura de los brazos.

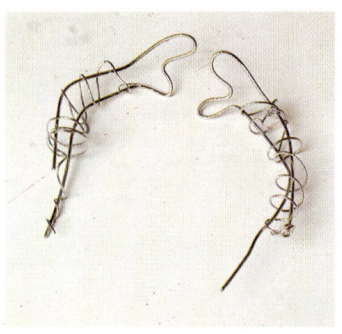

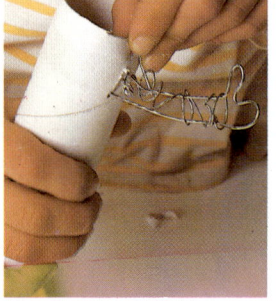

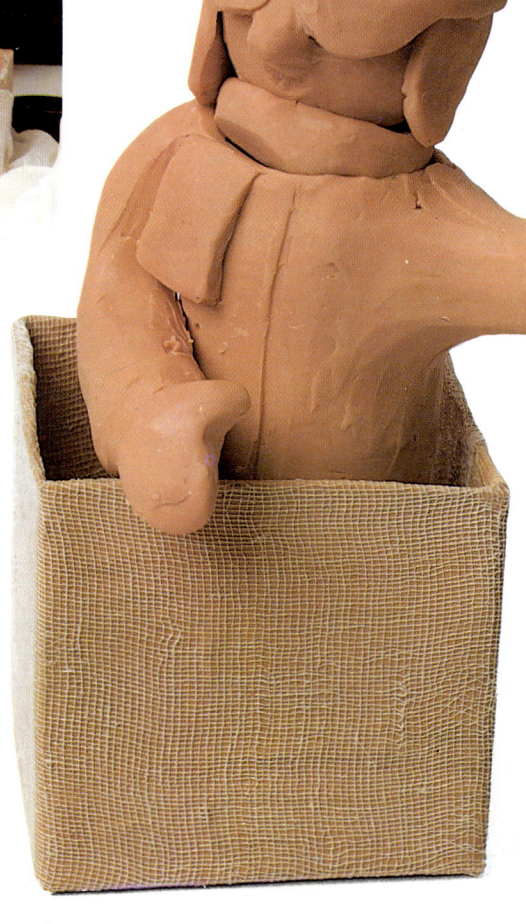

11 Se clavan los brazos sobre un cilindro de cartón.

13 Se cubren por separado la cabeza y el cuerpo con tiras de papel mojado y encolado.

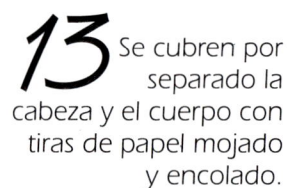

12 Se realiza una bola con papel y se sujeta con alambre. Nótese cómo se han hecho unos cortes en la parte superior del cilindro, para que la esfera de la cabeza encaje.

— 188 —

14 La figura ya está recubierta con varias capas de tiras de papel.

16 Seguidamente con más papel se moldea un gorro.

15 Se dobla una tira de papel encolado y se enrosca al cuello de la figura.

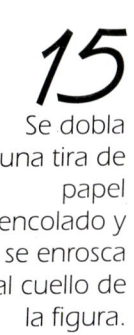

17 Ahora se hacen y colocan las gafas y la nariz. Se da una capa más de engrudo y se deja secar.

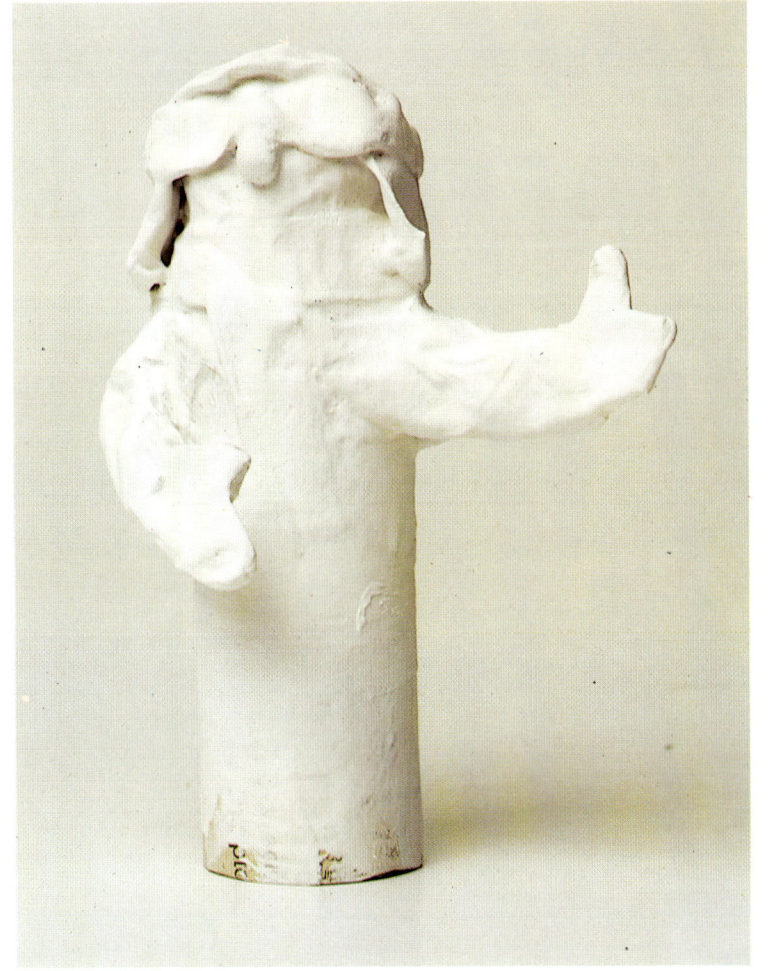

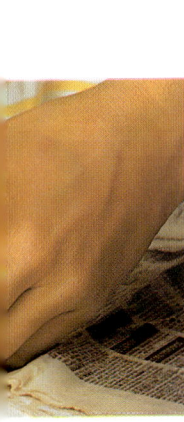

18 Por último, se aplica una mano de aguaplast, que endurezca el conjunto y dejamos secar la figura del tripulante.

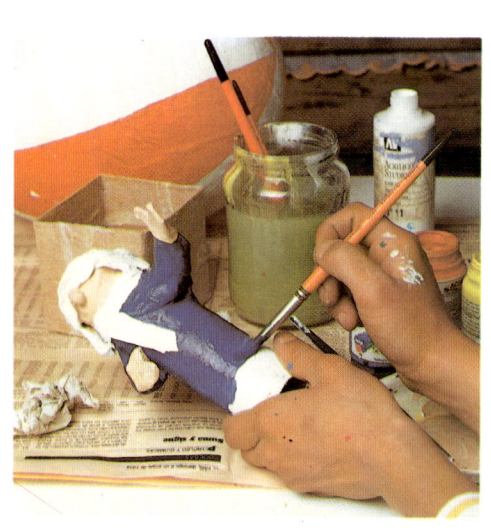

19 Con pintura plástica empezamos a pintar la figura, primero la cara, las manos y el traje, después el gorro, la bufanda y las gafas

20 Con el berbiquí se hacen cuatro agujeros en los lados de la caja y se pasan cuatro cordeles de un metro de longitud, anudando los extremos de cada uno en el interior de la caja.

21 Se anudan los cordeles como muestra la fotografía

22 Se atornilla un cáncamo en la parte superior del globo.

23 Pasamos los cordeles alrededor de los gajos del globo y los introducimos dentro del cáncamo, donde se vuelven a anudar. El globo está listo para ser colgado

La ilustración es el dibujo sobre el que se inspiró este ejercicio.

Plato decorativo
Pájaros tropicales
Jarrón
Las flores
Las hojas
Composición floral
Los marcos
El joyero
Servilleteros frutales

La miga de pan es una técnica manual reconocida en todo el mundo. Según parece, tradicionalmente empezó a elaborarse para realizar pequeños centros florales, por su parecido con la porcelana. Sin embargo, pretendemos ir más lejos y nos hemos atrevido a realizar piezas de mayores dimensiones otorgando a este material sencillo, pero noble, un lugar privilegiado entre las pastas modelables. Este capítulo le animará a aprovechar ese pan del día que no se consume: un "tesoro" que, con una pizca de fantasía, se transformará en las piezas decorativas y útiles que le proponemos. Luego, podrá dejarse llevar por la imaginación y los efectos del modelado, dando rienda suelta a su creatividad.

Bol estrella
Imanes
Adornos de Navidad
Un portalápices
Bisutería
Un móvil
Cestillo con flores

Los materiales

La técnica

El modelado

El color

Miga de Pan

Plato decorativo
Pájaros tropicales
Jarrón
Las flores
Las hojas
Composición floral
Los marcos
El joyero
Servilleteros frutales
Bol estrella
Imanes
Adornos de Navidad
Un portalápices
Bisutería
Un móvil
Cestillo con flores

Los materiales

Tanto los ingredientes como los utensilios y colores que se utilizan para los objetos de miga de pan, son muy corrientes y fáciles de encontrar en casa. Puede realizar sus trabajos con miga de pan de varias maneras: la masa básica se elabora sólo con el pan y la cola, pero si quiere conseguir un mejor acabado también puede añadir otros ingredientes.

Esenciales:

Cola blanca:
Sirve para dar más consistencia a la masa. La cola blanca sintética que mejor se adapta al trabajo de la miga de pan es aquélla que se emplea para encolar madera: es un líquido denso y blanco que, al secarse, se vuelve transparente y duro.

Miga de pan:
Aunque sirve cualquier tipo de pan, es aconsejable utilizar pan de molde porque es el que posee mayor cantidad de miga.

Opcionales:

Glicerina:
La podemos encontrar en crema o líquida: ambas van bien. Hace más manejable la masa y la suaviza.

Porcelanizador:
Es un líquido blanco, parecido a la cola, que blanquea, da más consistencia y una apariencia de porcelana a la masa.

Complementarios:

Pinturas:

Se pueden aplicar mientras se elabora la masa o bien una vez finalizada la pieza. Podemos utilizar cualquier tipo: óleos, acuarelas, témperas, anilinas, pigmentos, gouaches, barnices o fijadores.

Herramientas:

Las más importantes serán nuestras propias manos. Podemos emplear un rodillo para aplanar, tijeras, cúters y cuchillos para cortar, puntas de señalar o cualquier objeto que sirva para marcar o hacer incisiones.

Accesorios:

Según sea el objeto a realizar, serán también los materiales que necesitaremos para hacer el trabajo: maderas, alambres, palillos, cierres de bisutería, imanes, plásticos, etc.

La técnica

Como es natural, empezaremos por el amasado de los ingredientes que intervienen en la composición de la masa. Este proceso consiste en unirlos, formando una masa compacta y homogénea.

> Podemos hacer masa de miga de pan de dos maneras:
>
> * El método más sencillo consiste en elaborar la masa solamente con miga de pan y cola blanca.
>
> * Intervienen los ingredientes del método sencillo y se añaden otros dos ingredientes: la glicerina y el porcelanizador.

Es una parte muy importante en todo el proceso ya que, si no se efectúa correctamente, nos encontramos con una pasta en las manos que se cuartea fácilmente y que no queda bien compacta; si pasa esto, es mejor desecharla y volver a empezar.

Para su elaboración no necesitaremos grandes recursos ni materiales costosos.

Tampoco necesitamos un gran espacio, sólo precisamos de una superficie lisa; la más apropiada sería el mármol de la cocina o, en su defecto, cualquier superficie de fórmica; incluso una bandeja de plástico o de metal nos puede servir.

Es aconsejable tener un plástico estirado en un rincón de la mesa donde iremos depositando las piezas ya terminadas para que se sequen.

1 Se cogen las rebanadas de pan y se les quita la corteza. Se debe despedazar la miga en pequeños trozos y depositarla después sobre una superficie lisa. Seguidamente se coge una pequeña cantidad de estos trocitos y se desmigajan aún más frotando entre las palmas de las manos.

2 Se añade la cola blanca a la miga de pan troceada.

Las proporciones que damos son orientativas, ya que todo depende de la temperatura ambiente (en verano se necesita más cola que en invierno, pues el calor tiende a secar más la masa), pero nuestra experiencia nos dice que una proporción aceptable es la de una cucharada de cola para tres rebanadas de pan.

Hasta aquí hemos descrito la masa sencilla de miga de pan.

3 Todavía sin amasar los ingredientes, añadiremos a la masa un poco de glicerina para darle más suavidad (bastará una cucharilla de café para tres rebanadas); incluso podemos añadir un poco de crema de manos.

4 Si utilizamos porcelanizador, lo deberemos añadir después de la cola blanca y la glicerina, pero antes de empezar a amasar. No se debe poner mucha cantidad: con una cucharada es suficiente.

5 Si se quiere conseguir una masa coloreada, ha llegado el momento de añadir el color deseado a la parte de masa que queramos.

Ojo: si solamente ha elaborado la masa sencilla, añada el color después del paso 2. También puede añadirlo cuando la masa esté hecha, pero entonces no se mezclará tan bien.

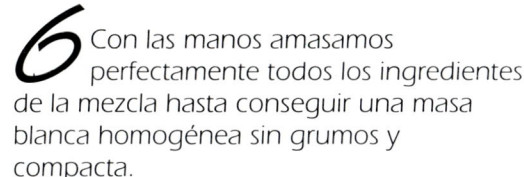

6 Con las manos amasamos perfectamente todos los ingredientes de la mezcla hasta conseguir una masa blanca homogénea sin grumos y compacta.

Para que la masa no se pegue, nos lavaremos y secaremos las manos una vez ésta esté amasada.

Si la masa se cuartea, es que está demasiado seca y no podrá ser utilizada, ya que las piezas se agrietarán y se romperán en seguida.

7 Con la masa debidamente preparada hacemos una bola y, a partir de ella, utilizamos pequeñas porciones, que volveremos a amasar brevemente antes de empezar a moldear. Con el calor de las manos la miga se vuelve más dúctil.

Guardaremos la parte de masa que no estemos utilizando en un recipiente tapado o bien la cubriremos con una bolsa de plástico.

El modelado

La miga de pan es una masa muy dúctil; por este motivo, con ella podemos elaborar un sinfín de objetos. Aunque tradicionalmente se usaba para objetos de pequeñas dimensiones, ofrece muchas posibilidades si la queremos utilizar para realizar objetos de gran tamaño.

Con las manos podemos modelar un poco de masa, o formar placas con la ayuda de un rodillo. Podemos trabajar a base de bolitas, o hacer trenzas, partiendo de churros. Siempre podemos quitar o bien añadir masa. Como seguramente adivinará, las posibilidades del modelado de la masa son muchas. Lo que es realmente importante saber es que para la realización de cada pieza hay una manera de modelar más aconsejable que otra.

Cómo unir las piezas:

Para unir dos piezas entre sí podemos proceder de dos maneras:

1 Un sistema muy simple. Untamos las dos superficies a pegar con cola blanca, procurando no poner demasiada cantidad. Será preciso, luego de unirlas, mantenerlas apretadas con las manos en esta posición aproximadamente durante un minuto, para evitar que se altere su perfecta disposición. Después las depositaremos sobre un trozo de plástico hasta que la cola esté más seca.

2 El método más profesional. Como un alfarero hace con el barro, primero se hacen unas rajitas suaves, con un palillo, en las dos caras que se van a enfrentar a la hora de pegar. Luego, con los dedos o algún utensilio fino, se van trabajando y puliendo las juntas, hasta conseguir unir las piezas sin que se vea el punto de unión.

Las texturas:

Al ser la miga de pan una masa tan dúctil, admite cualquier tipo de texturado. Presionándola sobre una superficie rugosa, una puntilla, una red o un cartón ondulado, adquiere texturas muy interesantes que nos pueden inspirar para dar una apariencia u otra a las superficies.

El color

A esta pasta le sienta muy bien el color, ya que, por sí sola, cuando se seca, resulta un poco desnuda. Aunque a veces pueda ser interesante este aspecto, sin duda el color hará que nuestros trabajos resulten mucho más vistosos.

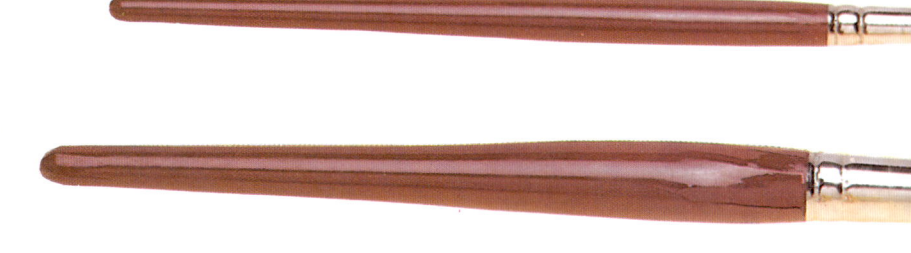

El color puede darse a la pieza de dos maneras:

Masa coloreada

La masa coloreada:

La pintura se mezcla en la masa cuando ésta se está amasando.

Se pueden utilizar: pigmentos, tintes, témperas o anilinas. Una vez amasado, el color resultante será más apastelado que el que hayamos elegido antes de amasar.

Color añadido

Pigmentos

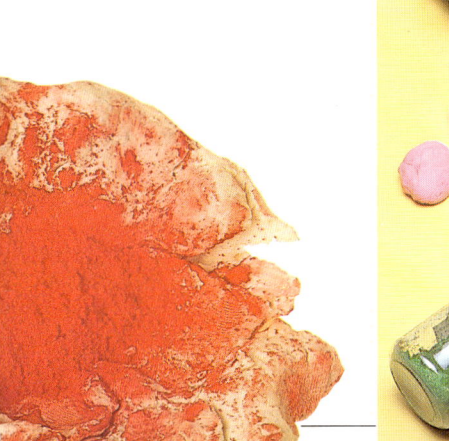

Acuarelas

El color añadido

Es el que se consigue pintando sobre la pieza ya terminada y seca. Para esta técnica podemos utilizar pintura al óleo, témpera, anilinas o plástica.

El barnizado:

Tanto en un método como en otro, lo que dotará a los objetos que hayamos hecho de mayor viveza y de un aspecto de pieza perfectamente acabada es el barnizado. El barniz debe ser incoloro. Se aplicará con pincel; pero si preferimos un acabado menos brillante, utilizaremos fijador en aerosol o de los tradicionales de soplar.

Témperas

El secado

La duración del secado depende del grosor de la pieza; si ésta tiene mucha cantidad de masa le costará más. Se puede buscar un ambiente seco, pero no es aconsejable acelerar el proceso con brusquedad, ya que esto podría alterar nuestro moldeado y resquebrajar las piezas. Si estas son muy grandes, las podemos dejar secar toda la noche, o incluso días.

Las piezas, cuando secan, pierden todo el líquido, que se evapora. A la hora de pensar en las dimensiones, conviene recordar que, una vez seca, el tamaño de la pieza se reduce aproximadamente un 10%.

Plato decorativo

El plato que vamos a hacer puede ser un bonito adorno de pared o para utilizar de frutero o recipiente. Para su decoración puede realizarse un diseño propio; aquí lo hemos adornado con una espiral de color amarillo y rojo, rematada de negro, que de alguna manera evoca la figura del sol.

Atención:
A la hora de sacar la pieza del plato, en la acción de volcarla, debemos prestar atención, puesto que si la pieza no se encuentra lo suficientemente seca, se puede deformar o agrietar de manera exagerada. Piense que algunas grietas siempre serán inevitables; además le sentarán bien y serán interesantes para dotar a la pieza de cierta personalidad.

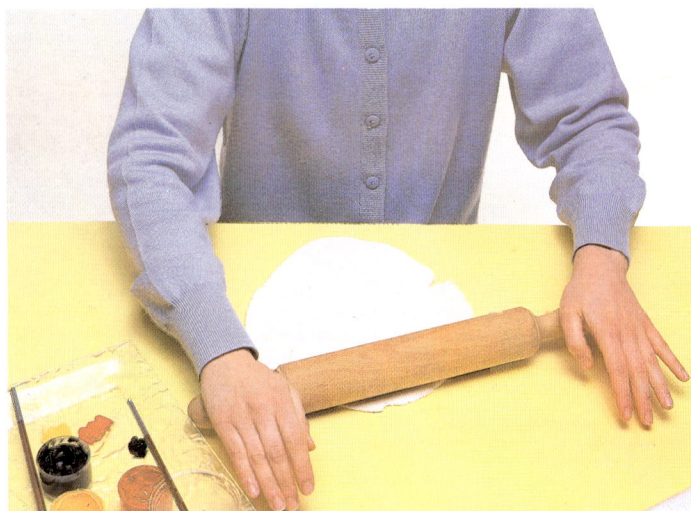

1 Con un rodillo estiraremos la masa y la aplanaremos hasta conseguir un grosor más o menos de medio centímetro y una superficie aproximada a la del plato que hemos elegido de soporte.

2 Cubrimos el plato soporte con plástico de cocina, adaptándolo bien.

Necesitaremos:
* Un plato hondo.
* Plástico de cocina.
* Rodillo.
* Lápiz y pincel.
* Témpera o gouache, (colores amarillo, rojo y negro).
* Barniz.

4 Cuando haya transcurrido una hora, o bien veamos que la masa está ya un poco seca, sacaremos el plato del molde, volviéndolo boca abajo lentamente y sujetándolo con la otra mano abierta, para dejarlo secar un rato más del revés.

3 Colocamos nuestra masa sobre el plato protegido con el plástico; vamos apretándola y extendiéndola con los dedos para darle forma.

5 Cuando la masa todavía esté tierna retiraremos el plástico.

6 Ahora es el momento de dibujar con lápiz el motivo decorativo que hayamos elegido, en este caso la espiral.

7 Empezamos a pintar desde el centro hacia fuera, primero con la témpera amarilla.

9 No tenga miedo en añadir agua para rectificar el color; esta masa, una vez seca, da bastante juego a la hora de pintar.

8 Siguiendo la línea espiral, añadiremos gradualmente el rojo al amarillo, de manera que la mezcla nos dé los colores intermedios, es decir los diversos naranjas de la escala cromática.

10 Remataremos el dibujo con el negro, siguiendo la línea de lápiz que trazamos al principio y barnizaremos.

Pájaros tropicales

Estos atractivos pájaros han sido modelados partiendo de formas sencillas, pero resultan muy vistosos al ser pintados con alegres colores. Así, pues, es en la última parte, la pintura, donde tendrá que demostrar más habilidad y pulso.
Si les añade un ganchito de alambre o los atraviesa con un cordel, estos pájaros le servirán para construir un móvil, o colgar en una jaula, hacer pendientes...
Si los hace de mayor tamaño, pueden servirle como apoyalibros, o simplemente de objeto decorativo.

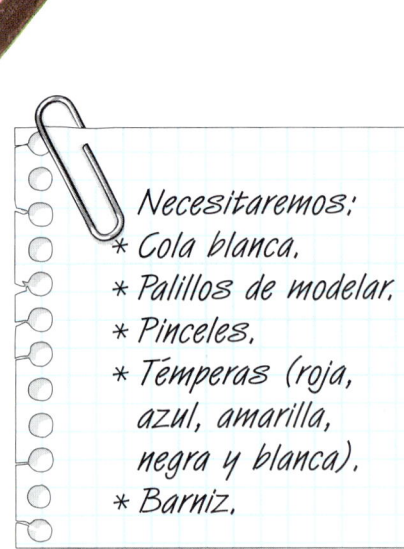

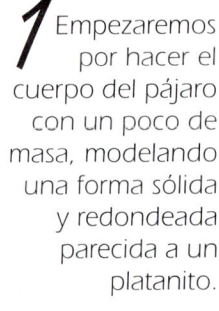

Necesitaremos:
* Cola blanca.
* Palillos de modelar.
* Pinceles.
* Témperas (roja, azul, amarilla, negra y blanca).
* Barniz.

1 Empezaremos por hacer el cuerpo del pájaro con un poco de masa, modelando una forma sólida y redondeada parecida a un platanito.

2 Aparte modelaremos dos láminas más planas en forma de medias lunas.

3 Montaremos las láminas sobre el cuerpo del pájaro, asegurándonos que estén bien pegadas y no se vayan a mover, dejando secar a continuación.

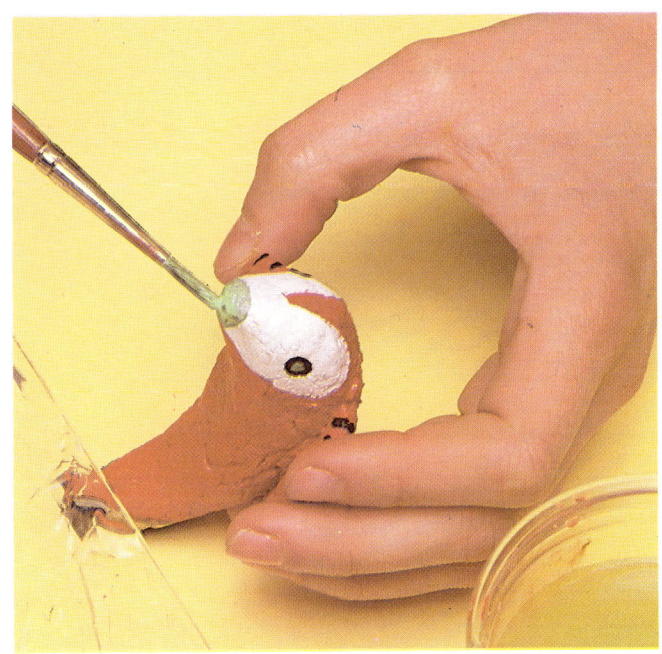

4 El pájaro ya está casi listo; empezaremos a pintar con color rojo el cuerpo y una parte de las alas. Luego, con amarillo le pintaremos la cola y dos líneas en las alas.

5 Con témpera o esmalte blanco, pintamos la cabeza. Finalmente pintamos con negro los ojos, parte de las alas y de la cola, y con verde el pico.

6 Cuando la pintura haya secado totalmente, barnizaremos la pieza, de lo contrario los colores se mezclarían.

Jarrón

Se trata de una pieza de formas extrañas, obtenida improvisadamente dejando secar una placa sobre una taza. A veces no hace falta que la razón dirija todo nuestro trabajo; es sobre todo cuando existe una interrelación entre el azar y nuestros conocimientos, cuando se crean las mejores obras de arte. Los objetos pueden tener una finalidad concreta o no, pero siempre tenemos que imprimirles la huella de nuestra imaginación creativa.

1 Forme una placa de unos milímetros de grosor. Déle una estructura redondeada y una dimensión que cubra el bol.

2 Modele los bordes de la placa redonda apretando con los dedos, de manera que aquéllos queden finos e irregulares.

3 Embadurne el bol con un poco de glicerina o jabón para vajillas. Coloque la placa encima del bol puesto boca abajo, dejando que adopte la forma natural que le viene dada por la superficie del molde.

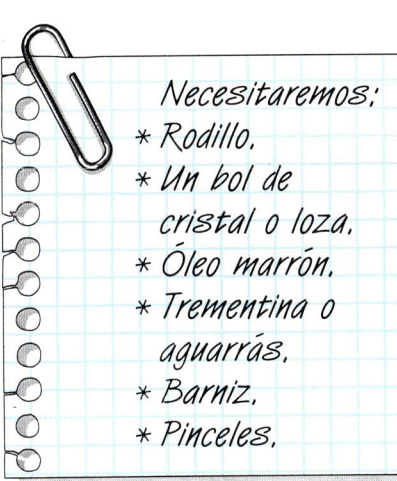

Necesitaremos:
* Rodillo.
* Un bol de cristal o loza.
* Óleo marrón.
* Trementina o aguarrás.
* Barniz.
* Pinceles.

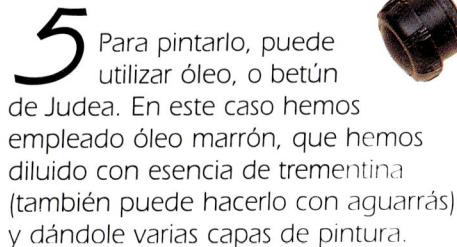

5 Para pintarlo, puede utilizar óleo, o betún de Judea. En este caso hemos empleado óleo marrón, que hemos diluido con esencia de trementina (también puede hacerlo con aguarrás) y dándole varias capas de pintura.

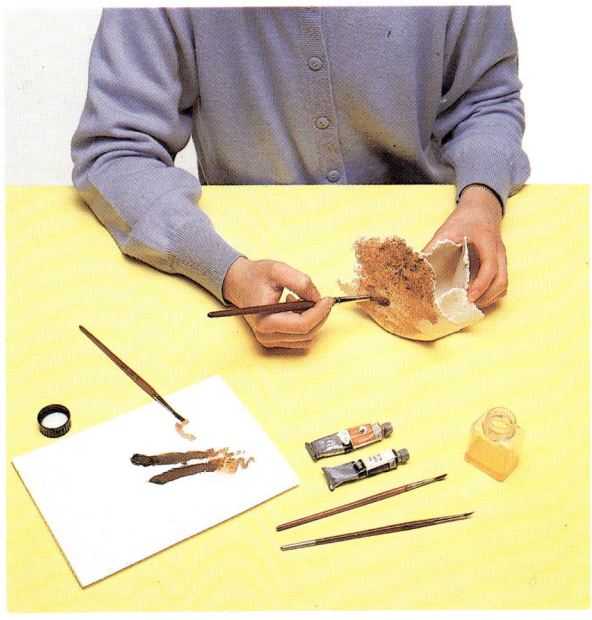

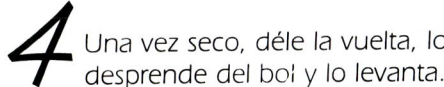

4 Una vez seco, déle la vuelta, lo desprende del bol y lo levanta.

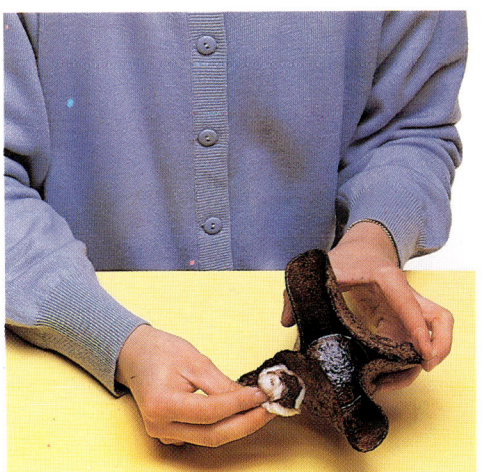

6 Dado que la superficie de miga de pan difícilmente queda totalmente lisa, aprovecharemos esta vez esta característica del material para realizar las imperfecciones o la textura que le son propias. Frotaremos la superficie con un algodón impregnado de trementina o aguarrás, hasta que el color se difumine irregularmente sobre toda la superficie; a continuación barnizaremos.

Las flores

Por las características de este material tan sencillo, y por su aspecto de porcelana, el tema de las flores hechas con miga de pan se ha ganado un lugar importante en la tradición popular.

Los ejemplos que explicamos en este capítulo requieren minuciosidad y paciencia. Cuanto más finas y diminutas sean las flores, más lograrán transmitir su delicada y misteriosa belleza.

A estas flores les sienta muy bien la pasta coloreada; también puede usar pasta incolora y pintarlas posteriormente.

Puede hacer los tallos con alambre o palillos, según la utilidad que les quiera dar.

Con la combinación de diferentes flores (rosas, violetas o lirios) formaremos ramilletes o decoraremos otros objetos más informales, como cajas, marcos o bisutería; pero de momento tenga todavía un poco de paciencia y procure perfeccionar su habilidad con las flores.

Necesitaremos:
* Masa de colores (verde, blanca, azul, rosa...).
* Alambre, palillos.
* Buril, tijeras.

El lirio:

El lirio, con su esbeltez, le dará el contrapunto necesario para que, a la hora de formar un ramillete con sus flores, el conjunto sea más dinámico.

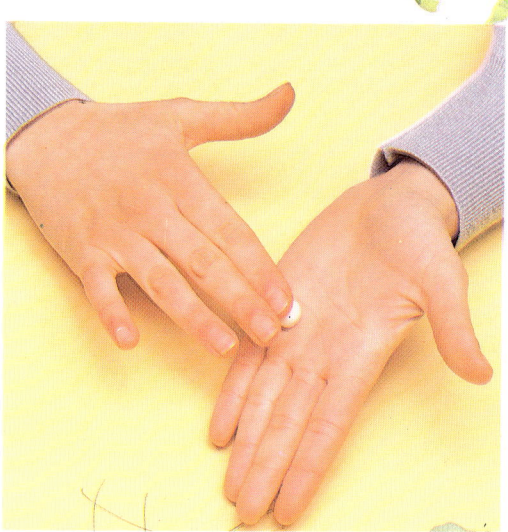

1 Prepare unos trocitos de alambre fino, y haga una bolita con miga de pan sin teñir.

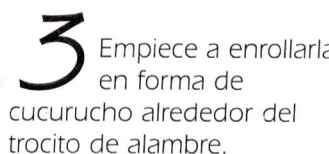

2 Aplaste la bolita con las yemas de los dedos, procurando que quede redonda y fina.

3 Empiece a enrollarla en forma de cucurucho alrededor del trocito de alambre.

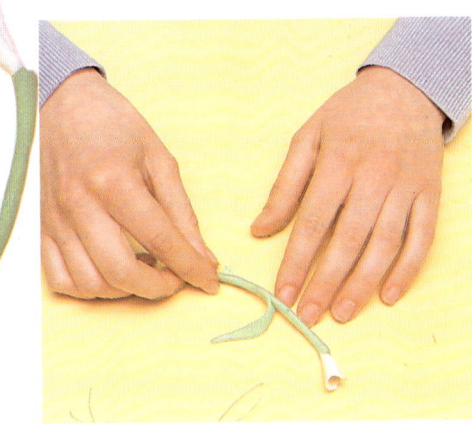
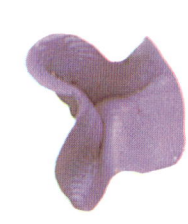

5 Junte la hoja, presionando ligeramente con los dedos, hasta que quede bien sujeta al tallo.

4 Cubra el alambre con pasta verde y forme una hojita, alisándola bien. Cuanto más fina sea, mejor quedará.

La violeta:

Como flor pequeña, es muy indicada para realizar con migajón o miga de pan. Pueden ser de diferentes tonos, rosados o azulados, así nos permitirán formar unos ramilletes muy expresivos.

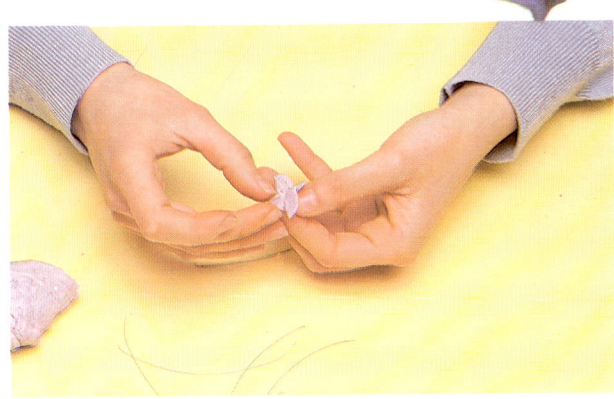

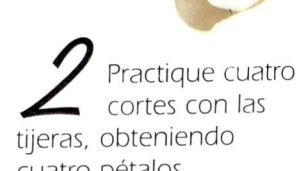
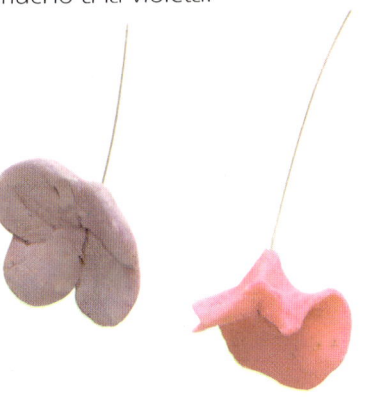

1 Haga unas bolitas de masa coloreada con pigmento o color violeta. A continuación presione sobre ellas aplastándolas para obtener una forma circular; pellízquelas por su cara interior y por su zona central.

3 Doble las dos puntas de los cuatro pétalos hacia el centro y clávelos un trozo de alambre. Tendrá una florecilla que se parecerá mucho a la violeta.

2 Practique cuatro cortes con las tijeras, obteniendo cuatro pétalos.

LAS FLORES

213

El capullo de rosa:

Además de poder utilizarlo como flor en sí misma, el capullo de rosa es un primer y esencial paso, para la confección de la rosa completa.

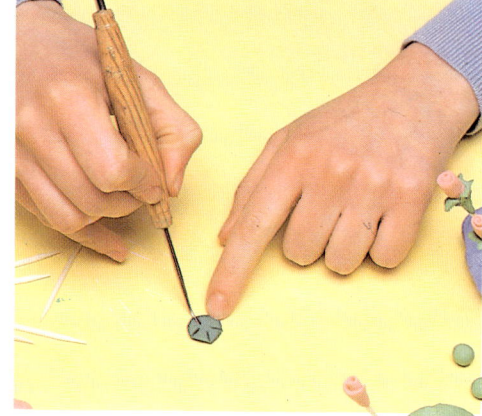

1 Coloree un poco de masa con pigmento rojo o con témpera o gouache, y otra tíñala de verde.

Realice un churro con masa rosa, haciéndolo rodar varias veces sobre la mesa. Tiene que ser pequeño.

4 Para lograr que el capullito resalte aún más, le vamos a añadir su cáliz. Con la masa verde chafamos una bolita y hacemos unas incisiones en forma de estrellita.

2 Aplástelo un poquito hasta obtener una laminilla bastante fina.

3 Enróllela, en forma de espiral, en la extremidad de un palillo.

5 Pasamos el cáliz por el palillo hasta que quede junto al capullo de rosa y lo arreglamos, ajustándolo.

La rosa:

Este ejemplo es uno de los más apreciados en la temática floral con miga de pan. Los resultados son muy bonitos y parecidos a la realidad.

Gracias al acabado que damos a los pétalos, las rosas de miga de pan deben conservar la delicada firmeza de las rosas vivas. Para aprender a hacerlas, las realizaremos con cinco pétalos, pero en la naturaleza no hay dos rosas iguales; del mismo modo, podrá incrementar o disminuir el número de pétalos, abrirlos más o menos, según su intencionalidad.

1 Para hacer una rosa, deberá primero haber realizado un capullo sin el cáliz, que constituye la parte central o botón de la rosa.

2 Haga como mínimo cinco pequeñas bolitas de masa, del tamaño de un guisante.

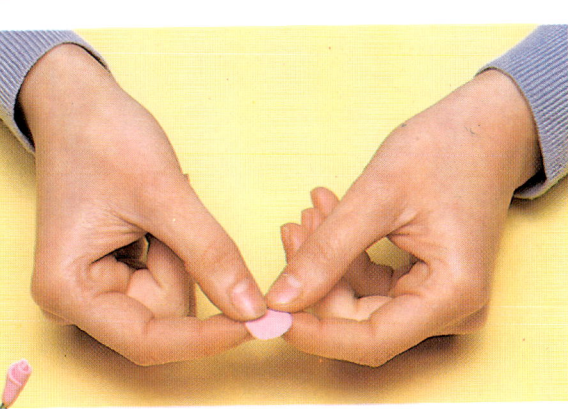

3 Apriete cada bolita entre las yemas del índice y el pulgar, haciendo luego más presión sobre los bordes, hasta obtener unos pétalos redondos y finos.

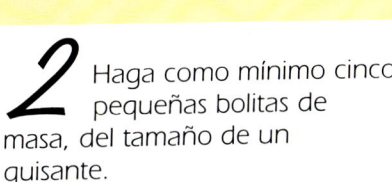

4 Ajuste, presionando, el primer pétalo al capullo de rosa, de manera que lo abrace.

5 Sitúe sucesivamente los pétalos que quedan, alrededor del botón central, de manera intercalada, como puede ver en las fotos.

6 Una vez colocados todos los pétalos, déles forma, suavemente.

Las hojas

Existen dos métodos para hacer hojas: una por grabado de una hoja viva o seca y otra con su propio dibujo. Aquí tenemos hojas de hiedra y de rosal; ni que decir tiene que a partir de ahora puede coleccionar las hojas que le interesen para su representación en miga de pan.

Hojas grabadas:

1 Coloree trozos de masa con pigmentos o acuarelas verdes y haga una placa fina con la ayuda del rodillo.

2 Ponga una hoja de hiedra o de rosal sobre la placa realizada anteriormente.

Apriétela un poco para que se fije.

Necesitaremos:
* Rodillo.
* Hojas vivas.
* Cúter.
* Buril.
* Alambre.
* Masa coloreada de varios tonos de verde.

3 Dé una sola pasada de rodillo, ejerciendo un poco de presión.

4 Desprenda con cuidado la hoja real de la masa de color.

5 Repase y recorte la silueta marcada con un cúter.

7 Deberá acabar de darle forma en los bordes, para disimular más el corte.

6 Retire la masa sobrante y, si tiene dificultades en levantar las hojas, utilice una espátula.

Hojas dibujadas:

1 Forme una placa fina en masa de color verde y, a continuación, marque con un punzón la silueta de una hoja.

2 Continúe marcando el nervio central, y las nervaduras laterales, de dos en dos.

3 Acabe recortando la silueta y aparte la masa sobrante.

4 Déle la forma y en su parte posterior incruste un trocito de alambre, que tiene que pasar justo por el centro longitudinal de la hoja.

Para asegurarse de que no se desprenda, puede ponerle una gota de cola.

Composición floral

1 Para hacer un centro que nos sirva de soporte, preparamos unos juncos a modo de abanico y cogemos una cinta de seda.

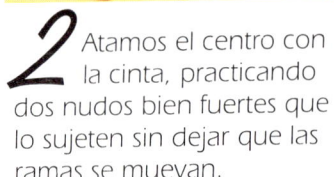

2 Atamos el centro con la cinta, practicando dos nudos bien fuertes que lo sujeten sin dejar que las ramas se muevan.

3 Empezamos por colocar una de las rosas grandes; cuando hemos dado con la posición acertada, la pegamos con cola.

4 Colocamos la otra rosa al otro lado de la cinta de seda, repitiendo el encolado.

En el capítulo anterior ha aprendido a hacer algunos tipos de flores y hojas; le bastará hacer un ramillete y ponerlas en un jarrón, para disponer un detalle alegre para algún rincón de su casa.

Pero si no quiere, no necesita ningún jarrón; con un poco de gusto e imaginación podrá hacer con sus flores tantas combinaciones como quiera. Una vez más, la composición que aquí le proponemos es sólo un ejemplo.

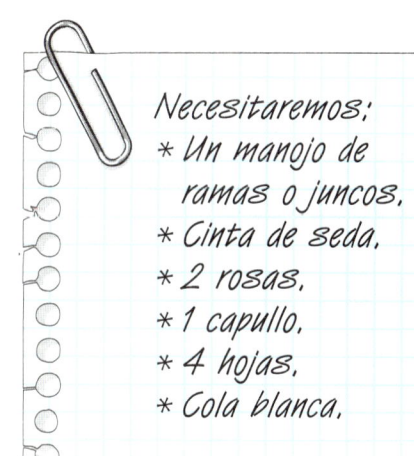

Necesitaremos:
* Un manojo de ramas o juncos.
* Cinta de seda.
* 2 rosas.
* 1 capullo.
* 4 hojas.
* Cola blanca.

5 Continuamos, enganchando el capullo de rosa entre las dos flores grandes, buscándole un punto de apoyo entre los juncos.

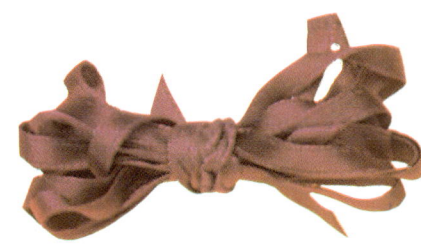

6 Disponemos las hojas alrededor del centro floral y cuando consigamos la composición deseada, las encolaremos al resto.

Los marcos

Le proponemos una idea original para que aquellas fotos que más le gustan, no acaben relegadas al fondo de un cajón. Podrá hacer unos marcos muy decorativos, ya sea dejándose guiar por una textura, o decorando con florecitas, según las fotos. Recuerde que tiene que hacerlo un poco más grande que el tamaño final que desee, puesto que, cuando la miga se seque, menguará un poquito, según sea el grosor que le haya dado.

Necesitaremos:
* Una foto.
* Una tablilla o cartón duro.
* Gancho para colgar.
* Tijera, cúter o cuchillo y regla.
* Cola blanca.
* Óleo marrón y pincel.

1 Sobre la placa de miga de pan hecha con el rodillo, trace un rectángulo un poco más grande que la foto (por ejemplo 2 cm por cada lado). Con la ayuda de un cúter y una regla cortamos la forma del marco, retirando la pasta sobrante.

2 Seguidamente, trace otro rectángulo, el que corresponde al hueco donde más adelante pondremos la foto (hágalo unos 5 mm más pequeño que la foto, para que, una vez colocado, no se vean los límites de ésta y porque como hemos recordado antes, la pasta encogerá un poco).

Quite la parte de masa sobrante, después de cortarla con el cúter o un cuchillo

3 Dibujamos ahora unas hojitas o arabescos alargados en los extremos del marco que dotarán de más atractivo al efecto final. Haremos unas incisiones y rebajaremos de pasta las hojitas o arabescos.

4 Una vez seco, pintamos el marco con un óleo marrón. Si sólo tiene los colores básicos, puede obtener el marrón mezclando el rojo con una pequeña cantidad de azul y de amarillo.

Pintamos las hojitas de dorado (gouache o esmalte), y un filete fino, negro.

5 Tome ahora las medidas del marco sobre una tablilla o un cartón duro, y corte a medida.

6 Pegue el gancho en la parte superior central de la tablilla, vigilando sobre todo que quede bien centrado.

7 Pegue primero la foto sobre la tablilla (bastará con unos trocitos de cinta adhesiva) y luego, encima pegue el marco con cola blanca (si encola con cuidado el borde exterior, evitará más fácilmente manchar la foto).

Déjelo secar, a ser posible, con un libro encima. ¡La foto ya está lista para colgar!

El joyero

En esta sencilla caja podrá guardar esos pequeños objetos, sellos o joyas, de manera ordenada y sin peligro de que se pierdan.

1 Sobre una placa que habremos realizado con la masa y el rodillo, trazamos la forma de un rectángulo que nos servirá de base para nuestra caja.

2 Practicamos unos cortes con un cúter, siguiendo la forma rectangular trazada anteriormente y la retiramos, guardando la placa sobrante en la misma posición.

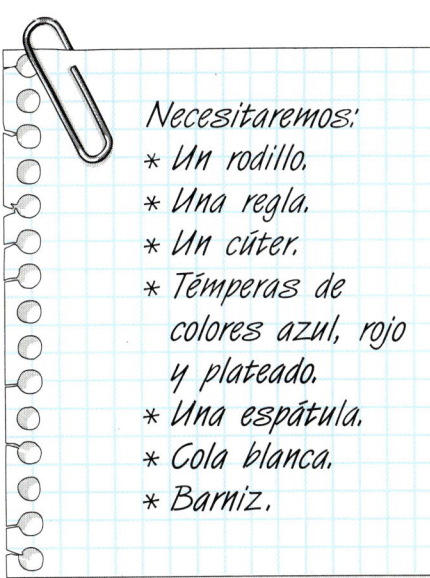

Necesitaremos:
* Un rodillo.
* Una regla.
* Un cúter.
* Témperas de colores azul, rojo y plateado.
* Una espátula.
* Cola blanca.
* Barniz.

3 Poniendo la base rectangular sobre la placa sobrante, cortamos otro rectángulo igual, que utilizaremos como tapa.

Volvemos a amasar los retales que han sobrado.

4 Con la ayuda de una regla y de una herramienta afilada, empezamos a recortar una tira alargada de dos dedos de altura.

Recortamos una tira más, que conserve la misma altura, para utilizarla en caso de que la primera nos quede corta.

5 Encolando con la ayuda de un pincelito, colocamos la tira alrededor de la forma rectangular de la base. Cuando se acabe, encolamos la otra tira y continuamos alrededor de la base hasta acabar de cubrir todo su perímetro. Debemos procurar encolar las juntas dejándolas invisibles.

6 Apartamos lo hecho hasta ahora a un lado de la mesa, utilizando una espátula para levantar la caja.

7 Marcamos y recortamos una estrella en un trozo de placa sobrante.

8 Empezamos a pintar toda la superficie y el interior de la caja. En este caso hemos elegido el color violeta, que se obtiene mezclando el azul con el fucsia o magenta.

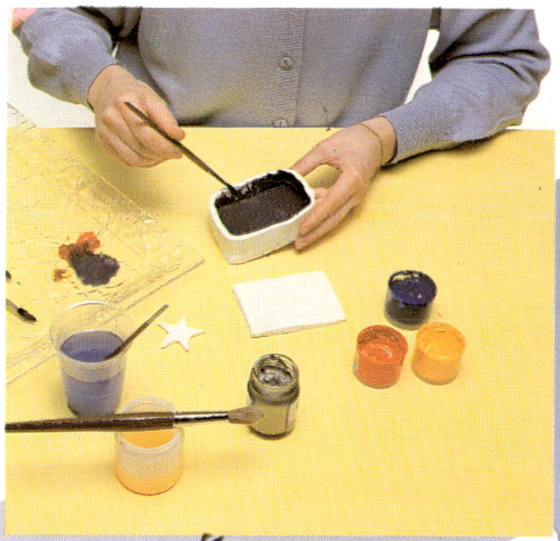

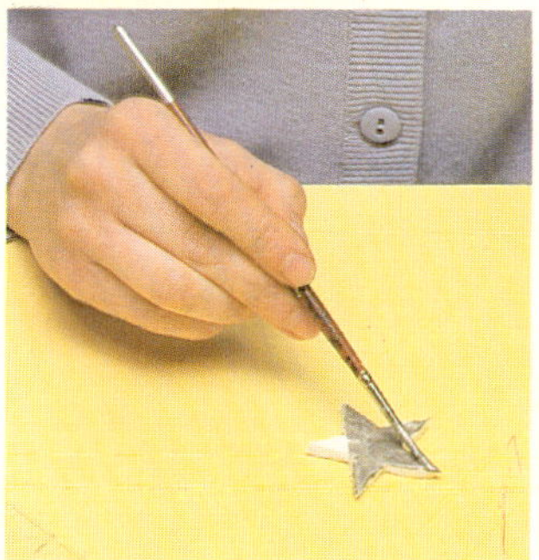

9 Cuando la tapa pintada esté seca, le pintamos un ribete de color rojo, utilizando un pincel de punta fina. Pintamos la estrella de plateado.

10 Terminada la acción de pintar, esperaremos un ratito hasta que esté todo bien seco, para encolar la estrella a la tapa de la cajita y barnizar el conjunto.

Servilleteros frutales

Son útiles para identificar la servilleta de cada uno. Podemos darles un sinfín de formas geométricas o abstractas. Aquí hemos escogido la familia de las frutas, para enseñarle un tema amplio y divertido, relacionado con la alimentación.

Es importante tener en cuenta las dimensiones de las piezas. Piense que han de ser lo suficientemente grandes como para poder introducir la servilleta en el agujero que hemos de practicar en ellos. Si los quiere usar a diario, y no solamente en "las ocasiones", tenga en cuenta que más de una vez estos servilleteros van a ser maltratados. Aunque la miga de pan, una vez seca, sea bastante fuerte, cuantos menos detalles finos y delicados tengan, más sólidos le resultarán.

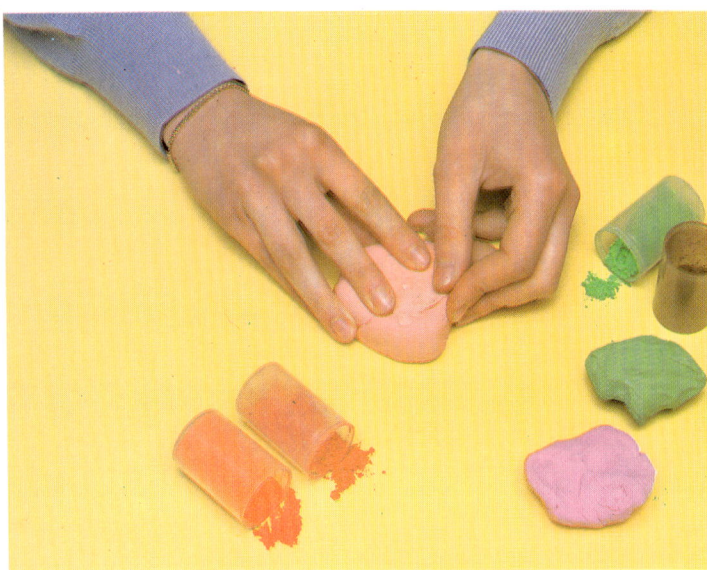

Necesitaremos:
* *Masa coloreada con pigmentos o témperas de colores (rojo, verde y marrón para la manzana).*
* *Palillos de modelar.*
* *Cola blanca.*

1 Coloree un poco de masa con color rojo o fucsia y déle forma de manzana, modelándola con los dedos.

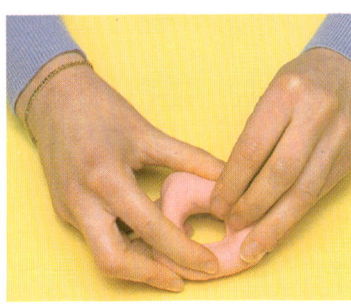

2 Vacíe la parte interior, de manera que se forme un agujero en el centro.

3 Acabe de darle la forma y empiece a alisarla con los dedos.

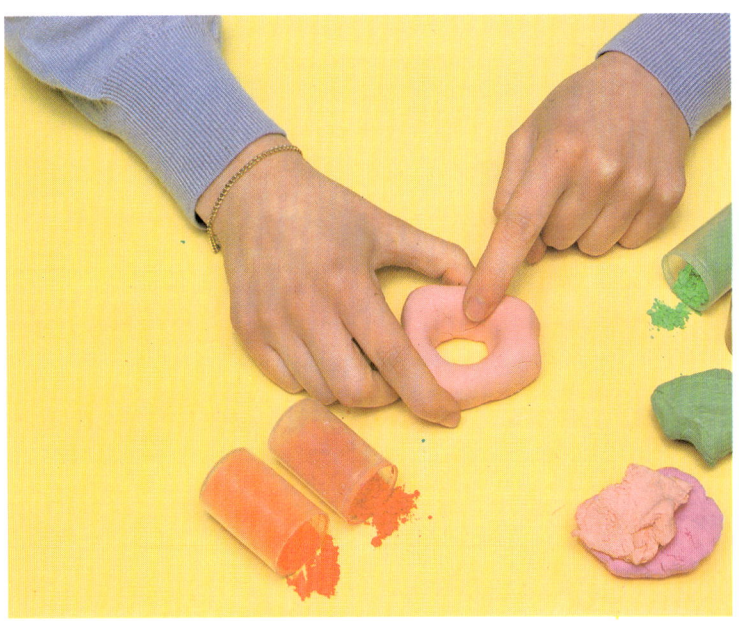

4 Con masa coloreada de verde formará una hoja que juntará a la manzana, procurando que adopte una forma natural. Engánchela con cola blanca sintética.

5 Con un poco de masa marrón, modele el pequeño tallo e introdúzcalo en la parte superior de la manzana, encolándolo de manera que quede firme.

Bol estrella

Aunque la miga de pan se ha utilizado tradicionalmente para construir flores, aquí nos atrevemos a proponerle unos ejemplos más informales, como esta estrella, porque consideramos que este material ofrece muchas posibilidades.

Pintado con los colores puros azul y amarillo, este alegre adorno puede animar una pared, estantería, o cumplir cualquier otra función. Depende de su imaginación.

1 Trabaje la masa con el rodillo, hasta obtener una placa de forma redonda y de unos 3 mm de grosor.

3 Coloque la placa en el interior del bol, cuidando de que no se rompa. Trabájela con los dedos hasta que quede bien lisa y encajada al molde.

Ajuste los bordes al límite superior de la taza y corte la pasta sobrante con unas tijeras. Tal como está déjelo reposar y secar un rato.

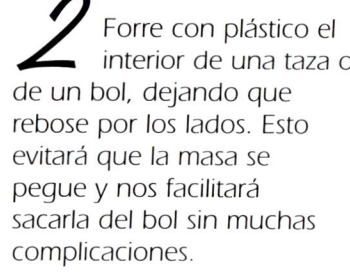

2 Forre con plástico el interior de una taza o de un bol, dejando que rebose por los lados. Esto evitará que la masa se pegue y nos facilitará sacarla del bol sin muchas complicaciones.

5 Cuando la masa esté casi seca, practique alrededor del bol de miga 9 cortes concéntricos e iguales.

6 Déle la forma definitiva, tumbándolo boca abajo y dejando que se estire un poco sobre la mesa, con las puntas abiertas en forma radial. En esta posición, píntelo con color azul.

4 Ahora estire el plástico para desprenderlo de la taza. Una vez fuera, retírelo y deje secar la masa del revés. Adquirirá de esta manera una forma particular, que aprovecharemos para el acabado.

Necesitaremos:
* Rodillo.
* Un bol redondo.
* Plástico de cocina.
* Tijeras.
* Colores amarillo, azul y negro.
* Barniz.

Imanes

Los objetos de tamaño reducido difícilmente constituyen una molestia, y cuando podemos darles una utilidad, aún nos resultan mejor. Para dejar mensajes o recados a la vista, necesita una superficie metálica y elaborar los "imanes" que explicamos a continuación, para dejar el mensaje fijado a la nevera, por ejemplo, por la fuerza del imán. Actualmente existe una auténtica pasión por los imanes de nevera, que va más allá de una pura moda: ¿quién no tiene algún conocido/a que los colecciona?

1 Con un poco de masa modele un cono, que aplastará por un lado.

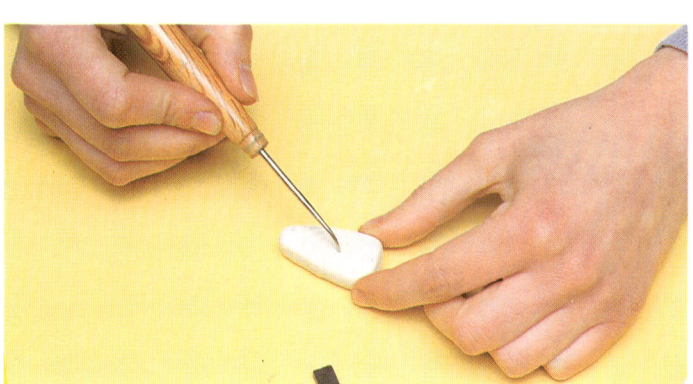

2 Con un punzón o palillo dibuje en su superficie una rejilla que recuerde el barquillo de un helado.

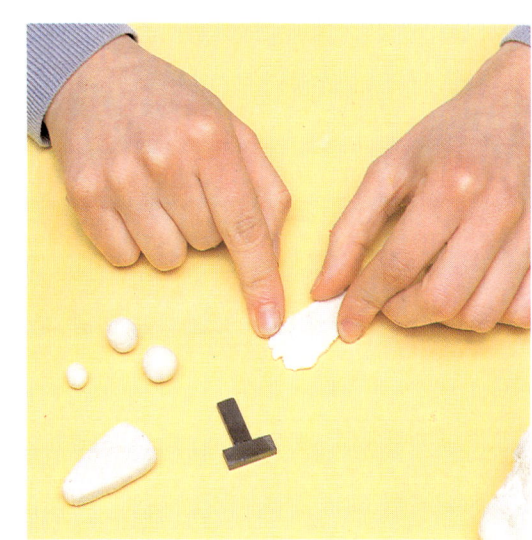

3 Formará dos bolitas idénticas, otra más pequeña para la guinda y una base triangular aplanada.

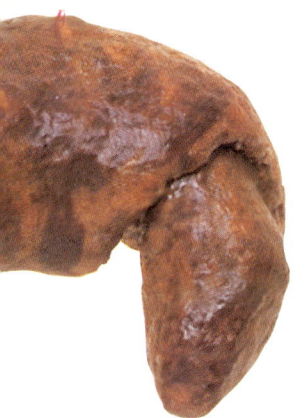
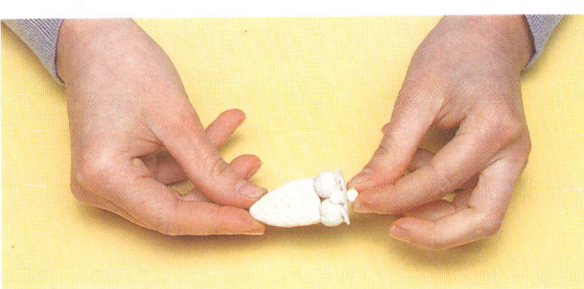

6 Encole encima de las dos bolas la bolita más pequeña, que representa la guinda.

Necesitaremos:
* Tijeras, punzón o palillo y pincel.
* Tres colores básicos: amarillo, azul y rojo.
* Negro y blanco.
* Un imán.
* Cola blanca sintética.
* Barniz incoloro.

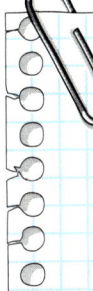

7 Pintamos la pieza, procurando que los colores queden limpios y no se mezclen entre sí.

Barnizamos, cuando la pintura seque, con barniz incoloro, dando, si es necesario, más de una capa.

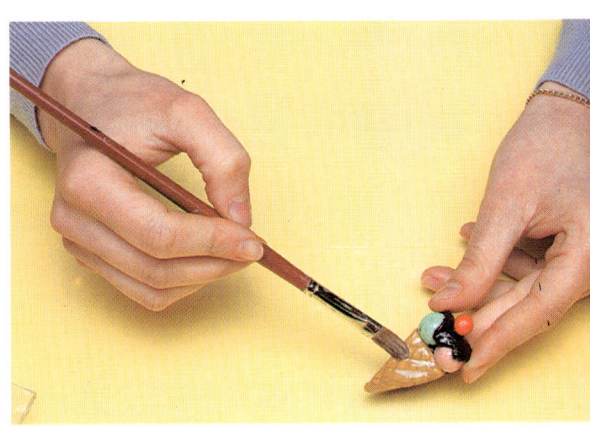

4 Con cola blanca sintética encolará la base del paso anterior en la cara plana del barquillo.

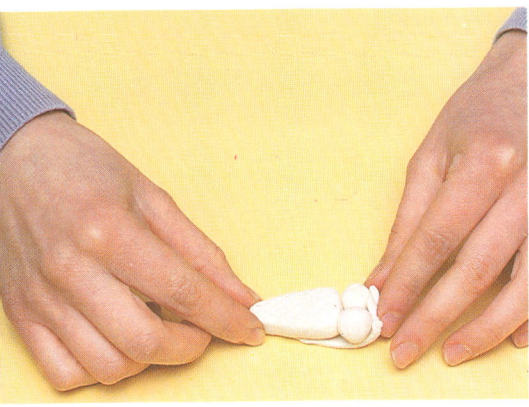

8 Encole el helado al imán, presionando durante unos instantes. A continuación deje secar la cola, para asegurarse de que imán y helado queden bien fijados; lo pondrá en la puerta de la nevera con este mensaje: ¡necesitamos más pan!

5 Ponga sobre la boca del barquillo las dos bolitas iguales, enganchándolas con cola y sujetándolas con la base sobrante de la forma triangular plana.

Adornos de Navidad

Estos objetos, pensados para adornar las puertas, el árbol, o un paquete de regalo, en el período navideño, son figuras con motivos típicos de esas fechas. Pintados con colores dorados y embellecidos con lacitos de colores, son de dimensiones reducidas, para evitar que pesen demasiado y constituyan un estorbo.

1 Marque las formas de la cabeza, el cuerpo y las alas de un ángel, con la ayuda de un objeto puntiagudo y recórtelas.

Repase los extremos con tijeras, para que queden bien delimitados y limpios.

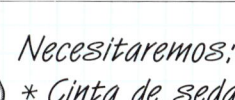

Necesitaremos:
* Cinta de seda roja.
* Cordel dorado.
* Colores (rojo, naranja y blanco).
* Color dorado (esmalte o gouache).
* Tijeras.
* Cola blanca y barniz.

2 Con cola blanca, enganche ahora la cabeza sobre las alas. A continuación encole el cuerpo del ángel.

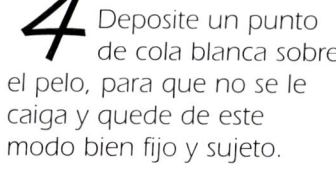

4 Deposite un punto de cola blanca sobre el pelo, para que no se le caiga y quede de este modo bien fijo y sujeto.

3 Haga unos churritos muy finos y ponga trocitos de éstos sobre la cara del ángel, en forma de pelo o ricitos.

5 Pinte y decore la superficie, con los colores rojo y naranja. El dorado úselo para pintar el pelo y los adornos del vestido. Pinte las alas de blanco.

6 Confeccione un lazo con cordel dorado y otro con cinta roja. Pegue el dorado detrás, en las alas del ángel, y el rojo delante.

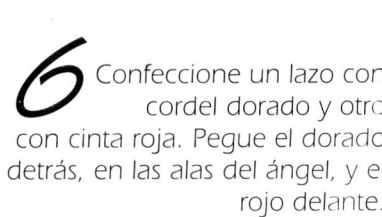

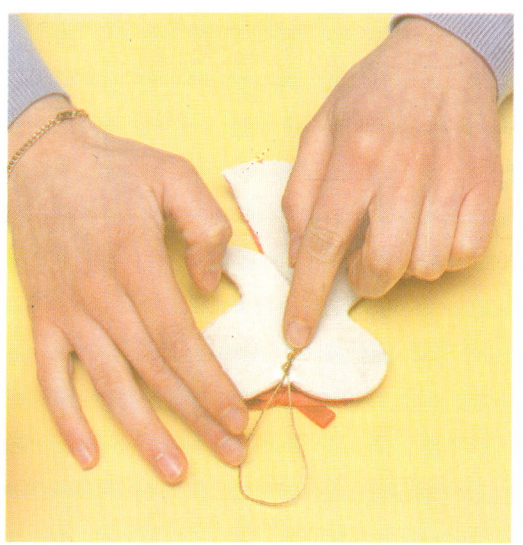

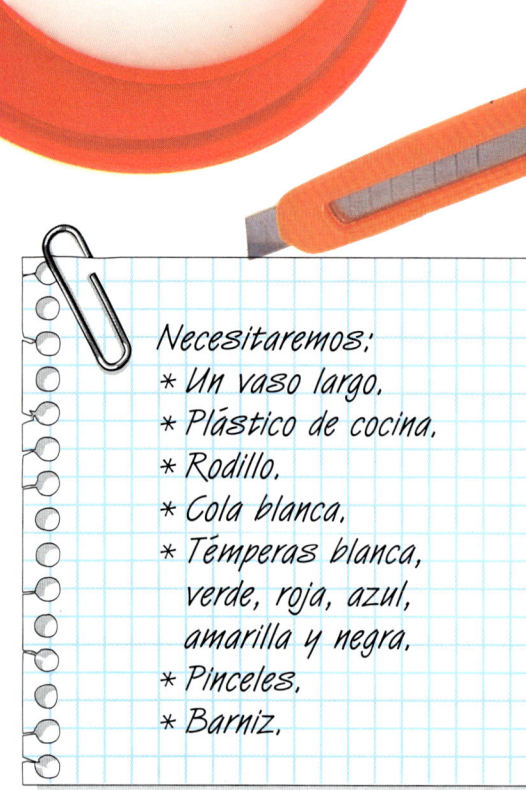

Necesitaremos:
- *Un vaso largo.*
- *Plástico de cocina.*
- *Rodillo.*
- *Cola blanca.*
- *Témperas blanca, verde, roja, azul, amarilla y negra.*
- *Pinceles.*
- *Barniz.*

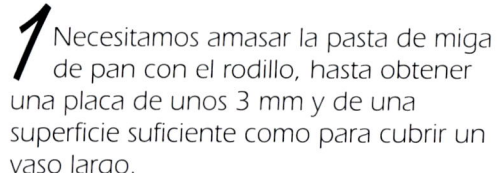

1 Necesitamos amasar la pasta de miga de pan con el rodillo, hasta obtener una placa de unos 3 mm y de una superficie suficiente como para cubrir un vaso largo.

Un portalápices

Este ejercicio es una excusa para enseñarle a levantar una forma cilíndrica, dándole la utilidad de contenedor. Requiere unas cuantas sesiones, pero estamos seguros de que, si se atreve, se verá recompensado y satisfecho por el resultado de esta pieza.

El portalápices se puede decorar con distintos motivos. Incluso podemos variar su acabado, mediante texturas o cortes, o aprovechando una grieta surgida casualmente, dando rienda suelta a nuestra imaginación, siempre y cuando conserve y pueda cumplir con su finalidad, que es la de recipiente.

2 Cubrimos totalmente el vaso que nos servirá de molde con el plástico, adaptándolo bien.

3 Enrolle ahora la placa al vaso, procurando que la miga quede bien amoldada.

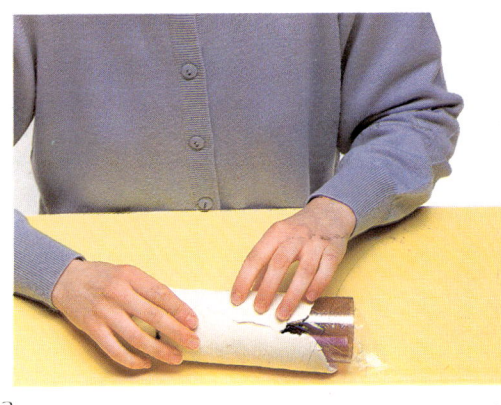

4 Retire la masa sobrante y cierre los extremos, presionando con los dedos hasta que quede una superficie regular en la que no se noten las juntas.

5 Marque la base del vaso en la placa sobrante y corte la circunferencia así obtenida.

— UN PORTALÁPICES —

6 Enganche con cola la base al fondo del cilindro y espere a que se seque un poco más antes de alisar y pulir las juntas. A continuación déjelo secar unas horas.

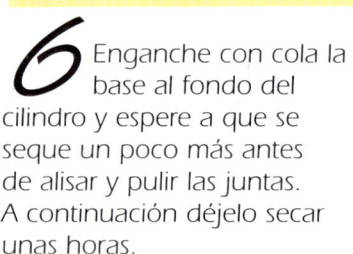

7 Saque el vaso y desprenda el plástico de las paredes del cilindro. Fíjese que la parte superior del portalápices que hemos obtenido es del todo debida al azar, puesto que es la forma de los bordes desiguales de la placa de miga de pan. A continuación, practicamos un estrangulamiento, utilizando un hilo de algodón o de pescar.

Ha de girar ahora su portalápices para comprobar que se asienta bien y tiene buen equilibrio por sí solo; si no es así, pruebe a darle unos golpecitos suaves sobre la mesa para arreglar el problema.

8 Empezamos a pintarlo de color azul, repasando varias veces hasta que el color quede uniforme y tape todos los poros así como los pequeños desperfectos.

9 La decoración la podemos hacer con el motivo que más nos guste: en este caso hay un motivo floral muy alegre, pintado a base de verde, rojo, amarillo, azul y negro.

También puede seguir y acentuar las grietas que se hayan podido quedar, o añadir detalles, como en los ejemplos fotografiados.

Bisutería

Estos adornos personales son de confección simple y agradable, con resultados muy llamativos. Los que le mostramos van desde piezas sencillas hasta aquellas que están más trabajadas, con gran cantidad de detalles.

Si nuestra intención es realizar un conjunto, tendremos que unificar las formas y los colores de todas las piezas que lo integren, o bien escoger un motivo que se vaya repitiendo.

Para engarzar las piezas, necesitaremos cierres, que se pueden encontrar con facilidad en las tiendas especializadas en bisutería.

Pasador de pelo:

Atención:
Las piezas tienen que ser ligeras, ya que, en caso contrario, serían incómodas de llevar. Precisamente por esta razón las joyas de grandes dimensiones, como el pasador de pelo, deben ser realizadas con masa muy delgada.

1 Modele un trozo de masa, trabajándola con las manos hasta que se vuelva dúctil y realice a continuación una forma redondeada plana y fina, como puede ver en la figura.

2 Sostenga un extremo y gírelo.

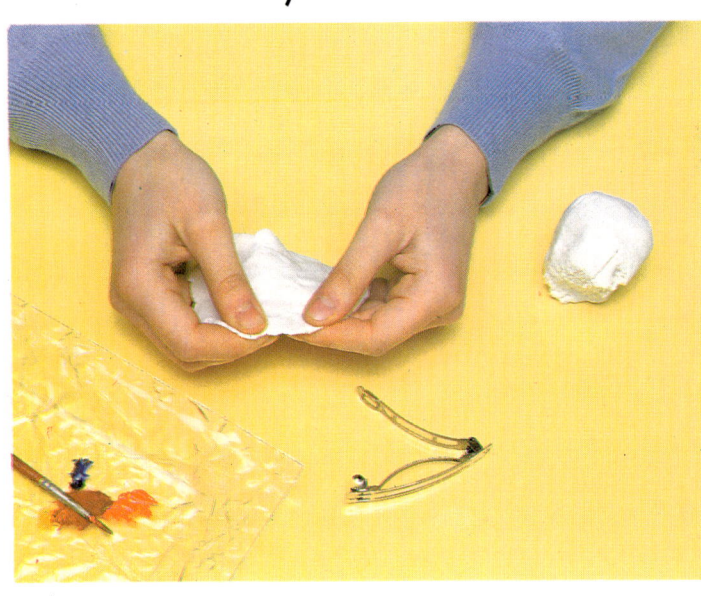

Necesitaremos:
* Pasador para el pelo.
* Cierres de presión y de gancho para los pendientes.
* Cierres para agujas.
* Cola de secado rápido o cola blanca.
* Colores oro y plata (gouache o esmalte).
* Pincel fino (del nº 00).

3 Haga lo mismo con el otro extremo, como si se tratara del papel que envuelve los caramelos, dejando que los pliegues surjan al azar.

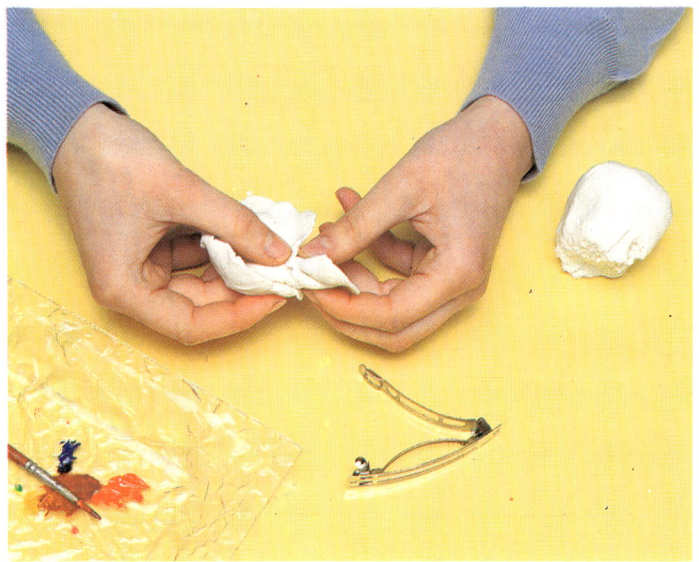

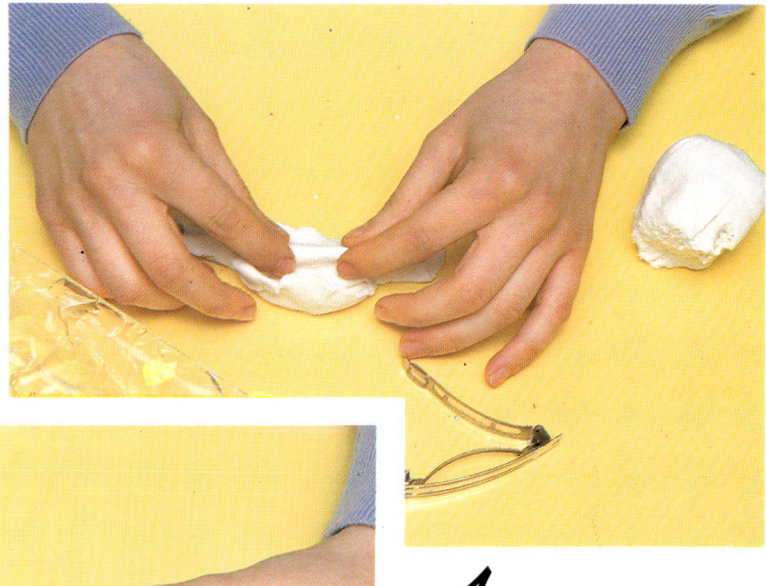

4 Dejándolo reposar sobre la mesa, arréglele un poco la forma hasta conseguir que quede de su gusto y déjelo secar.

5 Con una pintura dorada como gouache, o esmalte, o si quiere incluso spray, empiece a pintar el broche por ambos lados.

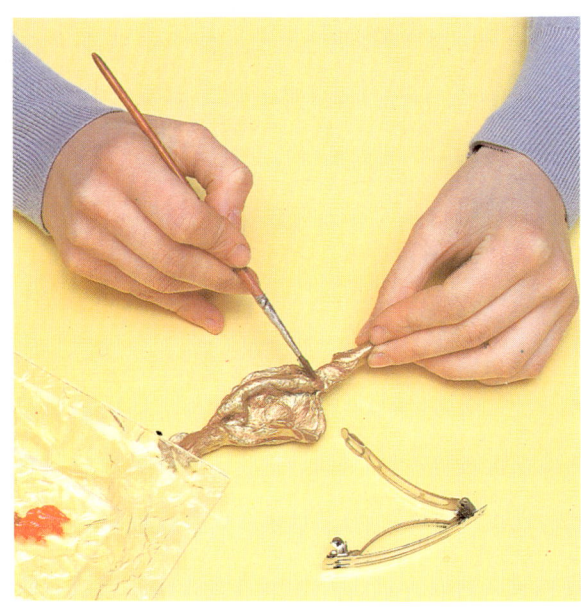

6 Con otro color, en este caso el marrón, hemos trazado unas líneas suaves y sinuosas, que cruzan el lazo de un lado al otro.

7 Cuando la pintura esté completamente seca, encolamos el pasador metálico. Para esta tarea, puede que vaya mejor usar un tipo de cola fuerte, de secado rápido. Presione unos instantes y déjelo secar.

Pendientes:

1 Forme dos botones redondeados con más masa en el centro que en los extremos.

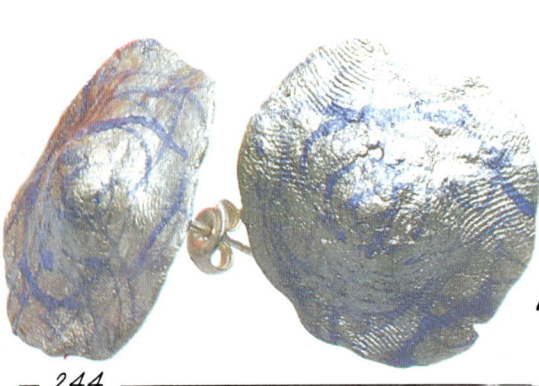

2 Píntelos de color plateado por ambas caras.

3 Con un pincel finísimo (por ejemplo un n.° 00), dibuje unas espirales con color azul.

4 Engarce las agujas para las orejas, apretándolas unos instantes en los pendientes.

Un móvil

Cualquier móvil es un adorno que favorece el entorno, pues sólo mirarlo llama la atención a la vez que su movimiento nos relaja. Aquí hemos hecho una composición, jugando con formas y colores abstractos; el resultado es muy vistoso, pero lo será igualmente si se construyen figuras relacionadas con un mismo tema, en el cual solamente la imaginación puede poner límite a la asociación de ideas. Aquí proponemos dos más: un cielo estelar, con nave espacial incluida y un móvil a base de pájaros.

1 Forme una masa de diferentes colores, ya sea añadiendo pigmentos como en este ejercicio, o bien témpera u óleo. Modele diferentes volúmenes de formas planas.

2 Tuerza cada ejemplar, procurando que adquieran formas diferentes. Logrará de este modo que ocupe más volumen y abarque más espacio.

3 Haciendo pliegues, ejerceremos un poco de presión para que las superficies en contacto queden adheridas.

5 Cortamos en tiras desiguales un cordel y hacemos un nudo en un extremo. Lo pasamos por el agujero de cada pieza. El nudo que hace de tope debe ser grande para que el cordel no se escape.

> Necesitaremos:
> * Pigmentos para teñir la masa.
> * Hilo de algodón.
> * Tijeras.
> * Un punzón.

4 Cuando las piezas se hayan endurecido, las perforaremos con un punzón en un lado cualquiera.

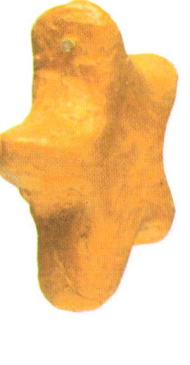

6 Como estructura para colgar el móvil, haremos una pieza más grande, para atarle los cordeles que llevan las pequeñas. Una vez seca, le practicaremos unos agujeros, siguiendo un orden en espiral.

Ataremos todas las piezas pequeñas a la estructura, reservando el agujero central para el cordel por donde colgaremos el móvil.

Cestillo con flores

Hemos reservado para el final del libro una composición que es la síntesis de muchos ejemplos explicados anteriormente.

Combinamos las texturas, los churros en forma de trenza, los distintos tipos de flores y hojas, la miga de pan teñida y sin teñir, para realizar una miniatura casi de porcelana que indudablemente le seducirá por su preciosismo y su encantadora belleza.

1 Partiendo de una bola de masa, trabájela con el rodillo, dándole varias pasadas, hasta obtener una placa lisa y de grosor uniforme.

2 Superponga un tapete de ganchillo a la placa, y pase con el rodillo por encima, presionando levemente.

> Necesitaremos:
> * Rodillo.
> * Un tapete o puntas bordadas.
> * 2 rosas rojas.
> * 3 violetas.
> * 4 hojas.
> * Óleo marrón.
> * Cola blanca.
> * Barniz.

3 Retire la puntilla y observe cuál es la parte más interesante para emplear en la realización del cestito.

4 Utilizando como molde una taza o similar, marque una circunferencia de unos 10 cm sobre la placa texturada.

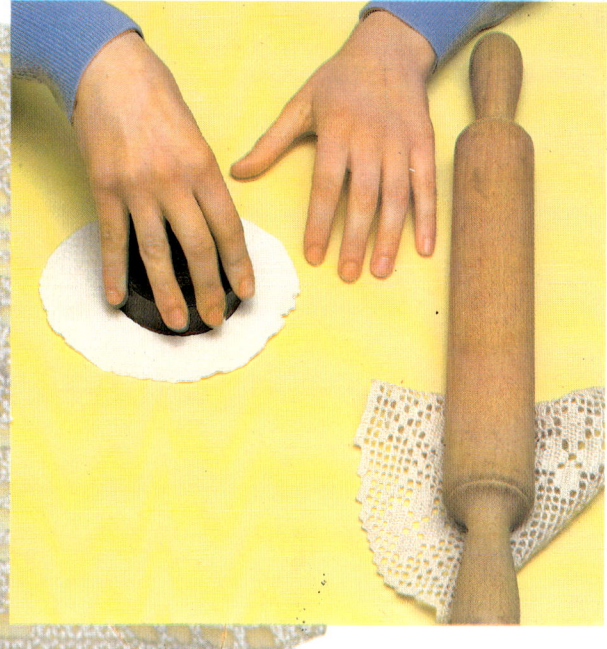

5 Desprenda la masa sobrante, mézclela con las manos y déjela a un lado para emplearla más adelante.

6 Con las yemas de los dedos, alise las rebabas que puedan quedar en la circunferencia texturada, haciéndolas finas y regulares.

7 Utilice un cilindro como molde (el que hemos empleado aquí es una caja de carretes fotográficos) Déle a la circunferencia forma cilíndrica, y déjela secar.

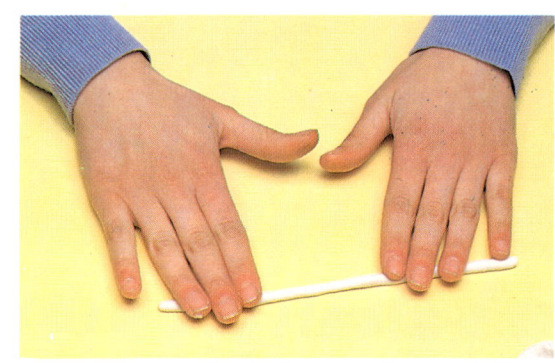

8 Para hacer el asa del cestito tome un poco de masa y haga un churro, frotándolo hacia adelante y hacia atrás, con las manos planas sobre la mesa.

Dóblelo por la mitad y gire un extremo en el sentido inverso del otro.

Déjelo secar un rato y engánchelo al cestito, con cola blanca.

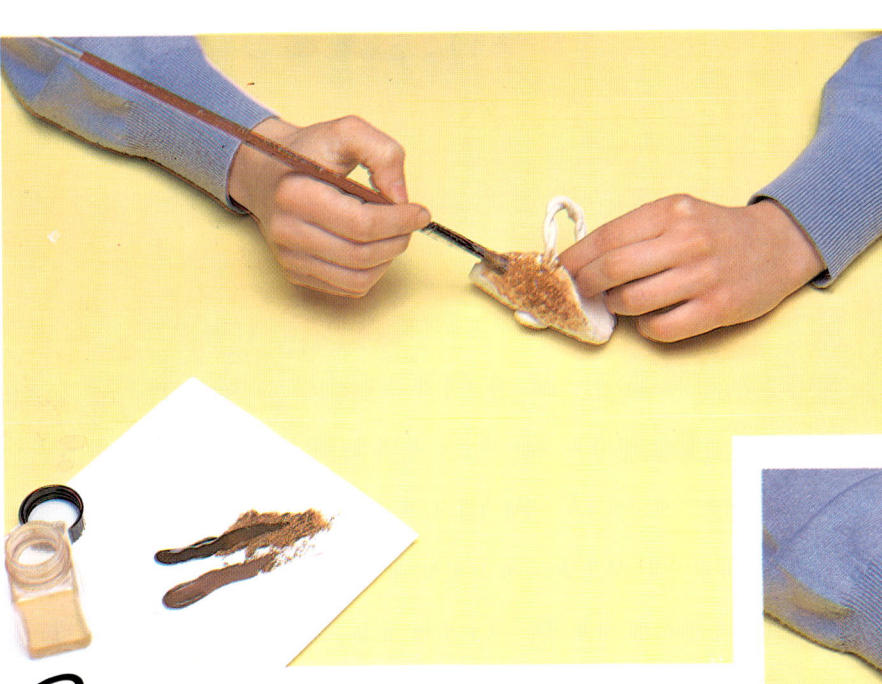

9 Pinte el cestito con óleo de color marrón y un poco de esencia de trementina.

Mientras deja que la pintura se seque, prepare las flores, dos rosas rojas, tres violetas y unas cuatro hojas verdes.

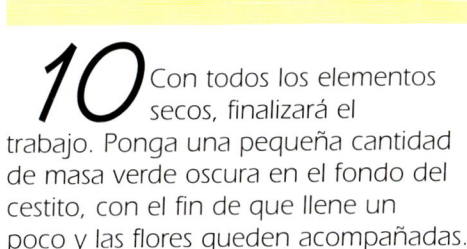

10 Con todos los elementos secos, finalizará el trabajo. Ponga una pequeña cantidad de masa verde oscura en el fondo del cestito, con el fin de que llene un poco y las flores queden acompañadas.

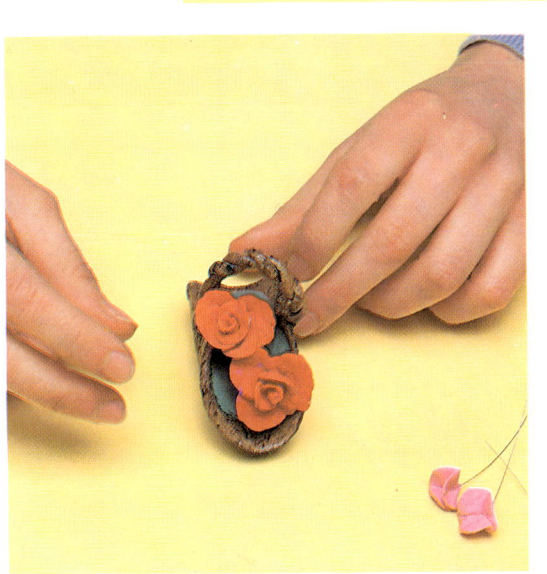

11 Empiece por colocar las flores más grandes: las rosas rojas.

Ponga las flores, presionándolas sobre el cojín de masa verde oscura.

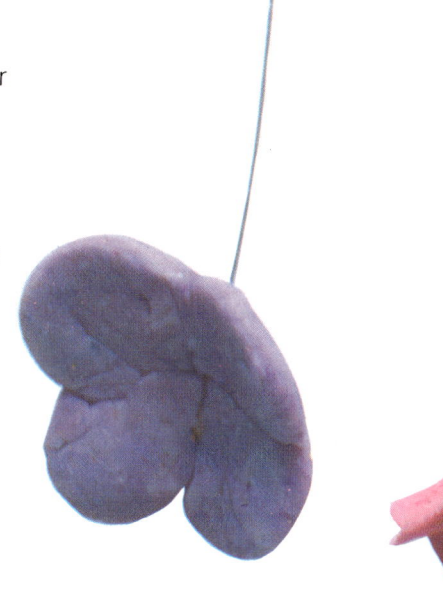

12 Coloque las hojas más grandes junto a las dos rosas rojas, de manera que sobresalgan con gracia.

13 Clave la violeta en la parte opuesta del cestito, teniendo cuidado de no mover las flores que ya estén colocadas.

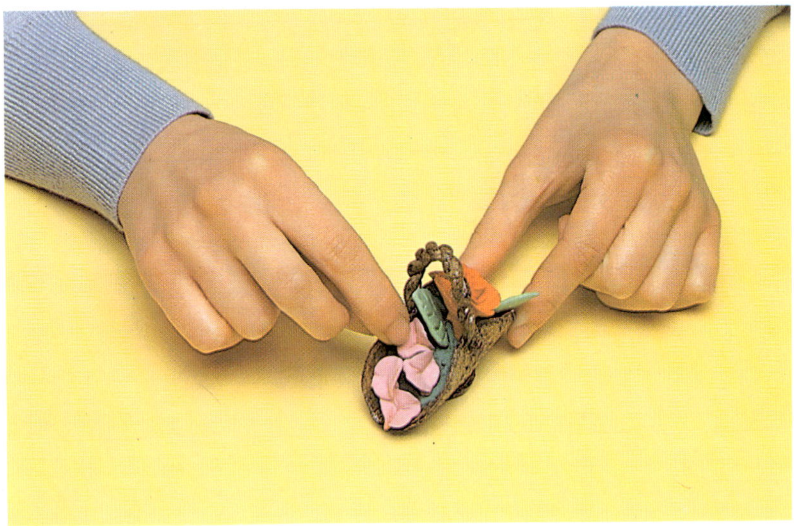

14 Coloque las florecitas restantes.

15 Termine la pieza añadiendo las hojas que quedan.

16 Barnice la totalidad de esta pequeña obra maestra, si es necesario, dándole varias capas.

Mesita
Marco redondo
Baldosa con guijarros
Macetero
Jarrón

Este capítulo está pensado para todas aquellas personas con inquietudes, que deseen iniciarse en uno de los procesos artísticos más atractivo: el mosaico. En este capítulo se expone una serie de técnicas que contribuye a conocer cómo se trabaja y qué materiales y herramientas se emplean en el mosaico. La realización de los ejercicios le ayudará a expresarse de forma creativa, hacer volar su imaginación y, al mismo tiempo, valorar el esfuerzo y la constancia que implica esta técnica artesanal. Cuanto más inmerso esté en este proceso creativo, más le agradarán sus infinitas posibilidades.

Cenicero
Marco rectangular
Mural

Los materiales

Herramientas

Pegamentos y aglutinantes

El proceso

Mosaico

Mesita

Marco redondo

Baldosa con guijarros

Macetero

Jarrón

Cenicero

Marco rectangular

Mural

El mosaico

La técnica del mosaico se basa en la colocación, en una superficie (soporte), de piedrecitas, llamadas teselas, u otros materiales, generalmente de forma cúbica, pero que también pueden tener distintas formas, para formar un dibujo preestablecido. Esta superficie puede ser una pared (mural), el suelo, también una tabla o plancha de madera u otro material; incluso un objeto cualquiera es apropiado para cubrirlo con teselas para formar el mosaico.

Las teselas se enganchan o pegan en el soporte por medio de sustancias adherentes, como el cemento (mortero) y pegamentos (adhesivos).

Los materiales

En la realización de los mosaicos pueden utilizarse distintos materiales como papel, madera, guijarros, piedras, vidrio, baldosas y azulejos de cerámica, mármol, pizarra, etc.
En este libro se muestran algunas de estas materias que son fáciles de encontrar y que a la vez producen resultados interesantes.

"Venus en el baño".
Mosaico romano
de Túnez, s. III a. C.

Plaquitas de pasta vítrea

Se utilizan, entre otras cosas, para la decoración de fachadas e interiores de piscinas. Se presentan en paneles de 40 x 40 cm y tienen diversas medidas. Son fácilmente aplicables sobre cualquier soporte y permiten encolarlas con cola normal, pegamentos y también engancharlas con mortero. Se cortan con una punta de diamante y con las tenazas. Se encuentran en los establecimientos dedicados a la venta de materiales para la construcción.

Baldosas y azulejos cerámicos

Hay una gran variedad de colores y medidas. Pueden estar fabricadas en gres, arcilla y pastas chamotadas. También bizcochadas (cocidas) y esmaltadas. Se trocean fácilmente con el cortador de baldosas y también con las tenazas.

Guijarros

Se encuentran en las orillas de los ríos, arroyos y del mar. Tienen un aspecto ovalado, también plano y son de color variable. Son duros y se cortan con las tenazas (los planos) y con el martillo y el cincel (los redondos).

Placas de vidrio

Se encuentran en los establecimientos del ramo. Hay una gran variedad tanto de colores como de gruesos. Se cortan con la punta de diamante y se enganchan con adhesivos exclusivamente preparados para ellas.

Mármol

Se encuentra en los talleres de los marmolistas. Es el material básico del mosaico romano. Debe trocearse con el martillo o maza y con el cincel. Es muy laborioso de preparar, pero el resultado final es extraordinario.

Conservación y almacenaje

Los materiales deben conservarse en botes, cajas de tamaño mediano, sólidas y resistentes y que puedan ser apilables. Las piezas de mayor tamaño se pueden almacenar también en estanterías, si se dispone de espacio suficiente.

Las teselas sobrantes y los restos de materiales de tamaño mediano deberían ser conservados; no así los más pequeños, producto de los diversos cortes realizados en las teselas. Estos fragmentos, de los que se generan una gran cantidad en cada trabajo, no es práctico guardarlos, puesto que es más fácil cortar y preparar uno rápidamente cuando se necesita.

Herramientas

Para la realización de los mosaicos es conveniente disponer de los siguientes útiles:

Cortador y troceador de azulejos

Tal como su nombre indica, se utiliza para cortar y trocear las teselas hechas con baldosas y azulejos. Estos cortes son posibles mediante un pequeño disco de metal duro, fijado en un brazo que se desliza entre dos guías fijas.

El separador o troceador, complementa al cortador y es muy útil para cortar baldosas o azulejos de gran dureza y grosor. Esta sencilla herramienta consiste en una abrazadera que mantiene sujeta la baldosa sobre un punto fijo y que se acciona mediante una palanca. Al bajar ésta, la presión ejercida hace romper la baldosa por la línea marcada.

Cuezo

Artesilla de madera, plástico o goma, en la que se mezcla y prepara el mortero.

Palustrillo

Paleta más pequeña y con el mismo uso que el palustre, pero que es ideal en la aplicación del mortero en pequeñas cantidades e incluso para hacerlo penetrar mejor en las juntas.

Palustre

Paleta para mezclar el cemento con la arena, en el cuezo y distribuirlo sobre el reverso del mosaico.

Tijera y cúter

Para recortar los proyectos que deben ajustarse los objetos sobre los que se llevará a cabo el mosaico. El cúter, utilizándolo plano, sirve, además, para limpiar los restos de cola enganchados sobre la superficie de las teselas.

Pinzas

De tamaño grande (de 12 a 15 cm) para colocar y ajuntar las piedras y las teselas de pequeño tamaño.

Brocha, cepillo y esponja

Para limpiar los restos de masilla, emplastecedor y cemento del mosaico.

Tenazas

Para partir las piedras pequeñas, cortar y dar forma a las teselas. Es necesario que tengan los bordes cortantes y los brazos largos, puesto que ayudan a cortar con más facilidad.

Rasqueta de pintor

Para rellenar las juntas de las teselas con masilla o emplastecedor, en superficies uniformes.

Martillo y/o mazo

Para romper guijarros, piedras, mármol, pizarra, etc.

Punta de diamante

Para cortar las teselas de pasta vítrea y los vidrios.

Cincel

Se usa con el martillo y/o mazo, para romper las piedras. Es importante recordar que la rotura debe hacerse sobre una superficie dura y con golpes decididos y seguros. Al romper las piedras es conveniente hacerlo dentro de una caja, de manera que las esquirlas de aquéllas queden recogidas en el interior de ésta.

Piedra de amolar

Piedra especial para afilar objetos, muy útil para limar los cantos de las teselas cortadas.

Plataforma de trabajo

Finalmente será necesario disponer de una mesa de trabajo, o bien de un tablero de aglomerado de madera, melaminado, sobre el que se realizarán los mosaicos.

Metro

Para calcular las medidas y proporciones y como elemento de soporte a los diseños.

Pegamentos y aglutinantes

Además del mortero, las teselas pueden engancharse al soporte, con muchos de los pegamentos que se usan en el hogar.

Cola blanca (de carpintero)

Es ideal si se quieren preparar mosaicos sobre una superficie porosa (aglomerados de madera). También engancha perfectamente las baldosas y azulejos cerámicos.

Este pegamento es utilísimo para la composición de mosaicos que queden resguardados de las inclemencias atmosféricas. Si se trata de objetos de uso, como maceteros, ceniceros, floreros, etc., es conveniente que no se mojen, aunque pueden limpiarse perfectamente con una esponja húmeda.

Adhesivos de dos componentes

Otros pegamentos y especialmente éstos, permiten trabajos de una gran dureza. Si se utilizan estos adhesivos, es preciso seguir cuidadosamente las instrucciones del fabricante.

Con estos adhesivos se pueden componer mosaicos exteriores, aplicados sobre planchas de fibrocemento sujetas en las paredes. De todas maneras el mejor sistema de aplicación de los mosaicos en el exterior es con mortero.

El mortero

Para la realización de mosaicos en los que el mortero haga de aglutinante, es necesario preparar un marco o bastidor (encofrado) de madera, que se colocará alrededor del mosaico, ajustándose perfectamente al perímetro del mismo.

Este marco deberá cubrirse con cinta adhesiva por la parte interna, o bien impermeabilizarlo, de manera que el mortero no se enganche a la madera y sobre todo que no la moje.

Conviene recordar que un mosaico cubierto con mortero debe dejarse reposar durante 72 horas, como mínimo, antes de desencofrar (quitar el marco). La humedad producida por el mortero podría hinchar la madera, si ésta no estuviera convenientemente impermeabilizada y por lo tanto la estropearía.

Se prepara el mortero en el cuezo, echando, primero, tres partes de arena y a continuación una de cemento, y se remueve con el palustre hasta que ambos materiales queden perfectamente mezclados. Seguidamente se echará el agua, removiendo hasta formar una masa cremosa-consistente.

Terminada la preparación, el mortero se aplicará, con el palustre o el palustrillo, sobre el reverso del mosaico, formando una capa de unos 10 o 12 cm de espesor. A continuación se colocará una rejilla de alambre sobre el mortero (esta rejilla deberá ser un

El proceso

Para la realización de un mosaico pueden distinguirse tres partes importantes:

* El diseño o dibujo del mosaico: se prepara un dibujo coloreado sobre papel, a escala inferior del tamaño real.

* Su traslado o copia sobre la superficie elegida: se amplía, a lápiz, a escala real y se traspasa, mediante papel de calco, sobre la superficie u objeto a realizar el mosaico.

* La realización propiamente dicha o colocación de las teselas.

Técnicas de colocación:

Hay dos sistemas distintos para la realización de un mosaico: el método directo y el indirecto.

Método directo

Es el sistema más fácil. Básicamente, consiste en la colocación de las teselas directamente sobre el soporte, al que se ha aplicado pegamento o mortero. Este método de colocación se utiliza en cualquier tipo de trabajo, tanto de pequeñas como de grandes dimensiones.

Es útil en la realización de grandes murales, siempre que éstos estén montados sobre tableros de madera, aglomerados y de fibrocemento, que posteriormente se aplicarán sobre la pared, en la que quedarán ubicados y se sujetarán mediante tornillos. También pueden utilizarse como separación de un espacio concreto, como mamparas.

Este sistema se ha utilizado en los ejercicios, porque es el más cómodo.

La aplicación de las teselas una a una, permite observar como el mosaico va progresando y es posible controlarlo continuamente durante su realización.

poco más pequeña que la superficie del mosaico) y en seguida se acabará de llenar con mortero el marco, dejándolo rasante.

Se deja fraguar, durante una hora y se raya la superficie del mortero con un punzón o un objeto puntiagudo. Esta textura hará que toda la placa se adhiera mejor, cuando se aplique, con otra capa de cemento cola o mortero, en la pared, donde finalmente quedará ubicado.

Método indirecto

Este método tiene dos sistemas de colocación: directa e inversa.

Colocación directa:

En este proceso se pueden aplicar las teselas sobre un material que permita la inclusión de las mismas sin pegamento, como arena (seca), arcilla (blanda) y plastilina.

Las teselas se van incrustando cuidadosamente en estos materiales, hasta terminar de cubrir la superficie preparada. Es importante que, en la colocación, las piedras o teselas queden al mismo nivel; para lograrlo, se golpearán con sumo cuidado con ayuda de una maderita.

Colocación inversa:

Este sistema sólo se puede emplear para trabajar con teselas coloreadas por ambas caras, o de vidrio, o piedras o "gresite".

Una vez finalizada la colocación de las teselas o piedras, se humedecerán con cola hidrosoluble y se aplicará por encima un papel fuerte de embalar, presionándolo con los dedos para que quede perfectamente pegado a aquéllas. Si la superficie es relativamente grande (más de 25 x 25 cm), es conveniente volver a embadurnar el papel con cola y superponer otro. De esta manera se tiene la seguridad que el soporte de papel aguantará el peso del mosaico.

Se dejará secar totalmente y se levantará, colocándolo del revés. Con cuidado se limpia el mosaico de posibles restos y ya queda preparado para echarle el mortero por encima.

Consejos prácticos

* Debe aplicarse en cada trabajo el pegamento o adhesivo que mejor convenga.

* Es conveniente leer, siempre, las instrucciones para una utilización correcta de los productos que se van a utilizar.

* Es absolutamente necesario limpiar las superficies, tanto del soporte como del reverso de las teselas, antes de aplicar cualquier tipo de colas, pegamentos o adhesivos, procurando que no queden restos de otros productos.

Para preparar un mosaico con este sistema, primero se dibuja el motivo sobre un papel.

Seguidamente se coloca sobre la mesa un papel de calco, con la parte de calcar hacia arriba; encima de éste, un papel blanco y finalmente el dibujo hecho como antes. Al repasar este dibujo, el papel de calcar lo traspasa a la hoja en blanco, en forma de imagen reflejada, es decir al contrario de como ha sido dibujada.

Es sobre este dibujo, producido por la hoja de calco, donde se colocarán las teselas coloreadas por ambas caras.

Se va encolando el papel calcado con cola hidrosoluble y se comienzan a colocar las teselas, continuando de este modo hasta la terminación del mosaico. Otra manera consiste en coger las teselas con pinzas y mojarlas en la misma cola. En ambos casos el efecto es el mismo.

Una vez cubierta la superficie del papel, se prepara para la colocación del mortero.

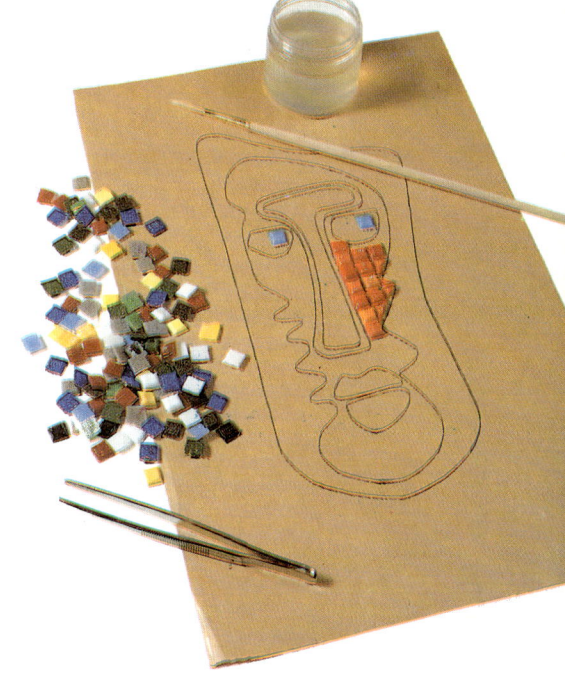

* *En todas las ocasiones que se usen pegamentos o colas debe comprobarse que los recipientes queden bien tapados, para evitar que estos productos se sequen. En los botes de cola, para evitar que encima de ella se forme una película seca sobre todo si no ha de ser usada en un período largo de tiempo, puede añadirse un poco de agua, un grosor de 2 o 3 mm, que cubra la superficie de aquélla.*

* *Es importante elegir el tipo de soporte que debe ser utilizado.*

* *No conviene usar soportes de madera para mosaicos exteriores, aunque estén cubiertos, puesto que la humedad ambiental, la temperatura y otros agentes atmosféricos pueden influir negativamente en la conservación de los mismos.*

* *Por regla general, debe recordarse que, para mosaicos colocados en el exterior que vayan aplicados a la pared, es preferible utilizar mortero. Si no se quiere que la obra quede definitivamente integrada en el muro, son más indicadas las planchas de fibrocemento. La utilización de planchas de este material permite sujetarlo a la pared y poderlo sacar después en un momento dado.*

Mesita

Es éste uno de los ejercicios más sencillos de realizar. Es también el que necesita menos útiles para llevarlo a la práctica, puesto que las teselas no han de cortarse y se colocan con facilidad, con los dedos, debido a su tamaño.

Esta mesita no está preparada para quedar a la intemperie, puesto que la humedad ambiental podría abarquillar la madera e incluso llegar a despegar las teselas.

Con el sistema directo y utilizando una plancha de fibrocemento, se puede realizar una mesa de mosaico que sirva para el exterior. Se deberá usar como aglutinante, sobre el fibrocemento, cemento cola o bien pegamentos que contengan resinas, para fijar las teselas.

En su realización se deberá tener en cuenta la medida total, que tiene que ser múltiplo de la medida de la tesela, si se desea formar el mosaico con teselas enteras, aunque éstas también pueden fraccionarse con facilidad.

El diseño es también importante. Se debe recordar que nos colocamos alrededor de la mesa. Así pues un buen diseño será aquel que nos permitirá poderlo ver en conjunto desde cualquier lado de la misma. No deberían haber vistas principales.

En este ejercicio el módulo básico se repite cinco veces y ofrece al espectador una visión igual desde cualquier lado.

1 En un papel se prepara la cuadrícula para el dibujo a tamaño real.

2 Se dibuja el proyecto a escala real 1:1.

3 Ya tenemos el proyecto dibujado y a punto de traspasar sobre el tablero.

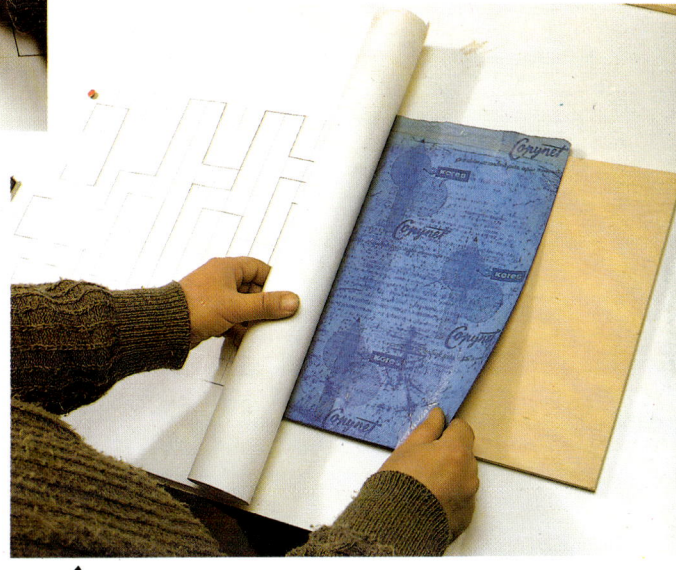

Necesitaremos:

* *Materiales: tablero de contraplacado de madera de 70 x 30 x 1 cm, listones de madera, teselas de pasta vítrea de 25 x 25 x 3 mm, cola blanca de carpintero, emplastecedor, colorante negro.*
* *Herramientas: martillo, clavos, rasqueta, pincel, cepillo de pelo duro.*
* *Método: colocación directa.*

4 Se sitúa el dibujo sobre el tablero, aguantándolo con plomos (pesos), para que no se mueva y se coloca el papel de calcar entre el dibujo y el tablero. Se repasan los trazos. De esta manera el dibujo queda perfectamente marcado sobre el tablero.

5 Se escribe sobre el tablero el color de cada una de las zonas del diseño.

6 Ahora se clavan con puntas unos listones que sobresalgan, contorneando el tablero. Estos listones servirán para que las teselas queden perfectamente alineadas.

7 A continuación se protege el tablero con un papel y con un pincel se encera la parte interna de los listones, con el objetivo que la cola utilizada para enganchar las teselas no se adhiera a éstos.

8 Se extiende la cola en el lugar donde aplicaremos la primera hilada de teselas.

9 Seguidamente se encola y se sitúan las primeras teselas, apretándolas y formando un ángulo recto, procurando que queden bien alineadas con los listones.

10 Se empiezan a colocar las teselas de color negro, tocando a las otras. Obsérvese cómo la cola llena las juntas entre las teselas.

11 Con la punta de un palillo se alinean las teselas.

12 Se continúa con otro color. Nótese el proceso de colocación del mosaico.

13 Una vez terminada de cubrir toda la superficie de un lado, con un listoncito de madera se comprueba la alineación de las teselas.

14 Siguiendo el mismo sistema de colocación, se va realizando el mosaico.

15 Aquí puede apreciarse cómo se aplica la cola en el último tercio del mosaico.

16 Se coloca la última tesela del mosaico.

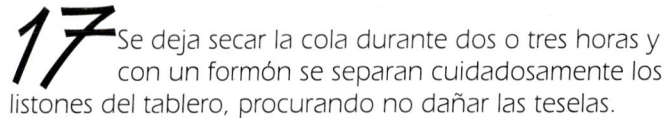

17 Se deja secar la cola durante dos o tres horas y con un formón se separan cuidadosamente los listones del tablero, procurando no dañar las teselas.

Materiales que se necesitan para preparar la masilla que tapará las junturas, así como los útiles para su aplicación y limpieza.

18 En un recipiente, se prepara la masilla con emplastecedor, colorante negro, cola y agua. Se mezclan en seco los productos y se añade cola y agua, por este orden, hasta formar una papilla espesa.

19 Se aplica la masilla con el pincel, procurando que penetre bien en las junturas de las teselas.
Se acaba de emplastar toda la superficie del mosaico y durante unos 30 a 40 minutos se deja que se seque.

20 Se pasa un cepillo de pelo duro frotando enérgicamente por la superficie del mosaico; después se quita la masilla sobrante.

21 Se limpia con un trapo húmedo toda la superficie.

22 El mosaico ya está finalizado y preparado para su colocación en la armadura para formar la mesa.

23 Se coloca finalmente el tablero sobre el soporte de hierro y se atornilla por debajo para que el tablero y el mosaico queden sujetos. La mesita está finalizada y lista para usar.

Marco redondo

En este ejercicio se realiza un mosaico con teselas, recortadas a partir de azulejos de distintos gruesos y montadas sobre un marco en forma de corona circular de 54 cm de diámetro externo y de 38 cm de diámetro interno. El planteamiento del proyecto, sin un motivo principal concreto, está basado en los distintos gruesos de los azulejos, en el rico colorido de los mismos y, sobre todo, en el orden, marcado por los radios de la circunferencia, que la misma forma ofrece.

Necesitaremos:
* *Materiales:* marco de aglomerado de madera de 54 cm de diámetro, azulejos, papel de calco, pesos, cola blanca, emplastecedor y colorante negro.
* *Herramientas:* cortador y troceador de azulejos, tenazas, piedra de amolar, cúter, rasqueta, tijeras, brocha, pincel y esponja.
* *Método:* colocación directa.

Proyecto a color.

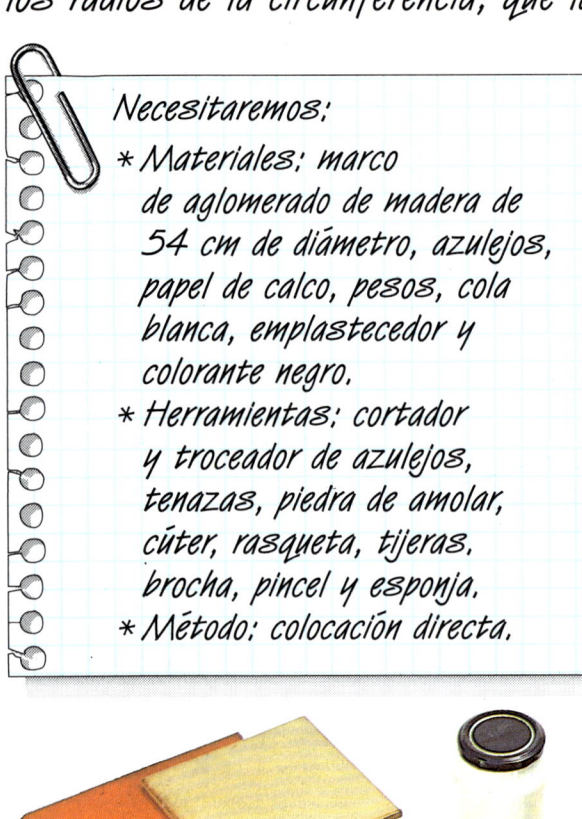

1 Se prepara como soporte un marco redondo de madera aglomerada de 19 mm de grosor y una tapa de contraplacado de 3 mm.

2 Una vez dibujada la decoración, se recorta con las tijeras, procurando que coincida perfectamente con el perímetro de la circunferencia exterior.

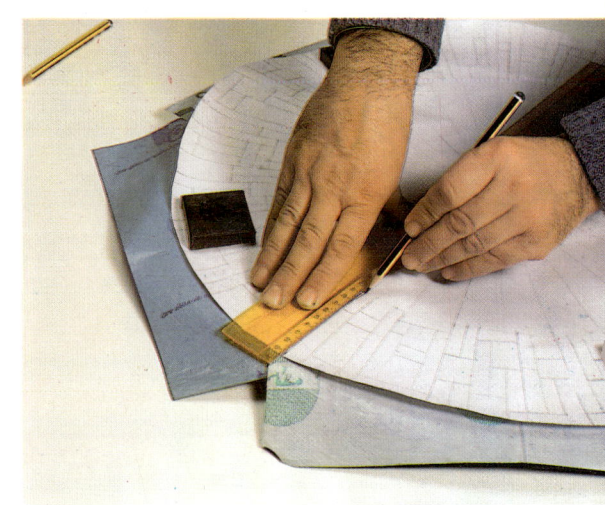

3 Se coloca el dibujo sobre el marco y se mantiene con plomos (u otros objetos pesados).

4 Se levanta una parte del dibujo y se coloca debajo el papel de calco. Los plomos sirven para que no se mueva el papel dibujado. Con un lápiz duro (nº 3 o 4) se marca el dibujo, ayudándose con una regla plana.

5 Traspasado el diseño al marco se quitan el boceto y el calco. El soporte ya está listo para empezar a cortar azulejos.

6 Ahora se trazan, con el rotulador, las líneas de corte sobre el azulejo.

7 Se coloca el azulejo en el cortador, sujetándolo con fuerza para que no se mueva y se hace pasar el rodel cortador sobre la línea, empujando de fuera hacia dentro. Se aprieta la palanca y aquél queda cortado.

Otro troceador más sofisticado. La manivela aprieta el azulejo, impidiendo que se mueva, mientras se baja la palanca, que lo corta.

8 Se preparan diferentes tiras de los azulejos que se van a utilizar.

9 Se van colocando las tiras sobre el marco y con el rotulador se rayan las zonas del corte.

10 Se cortan las teselas con las tenazas a la medida marcada.

11 Se repasa y afina el borde de las teselas con la piedra de amolar.

12 Se puede apreciar cómo se marca la última de este primer grupo de teselas, que se colocan en seco sobre el marco.

13 A continuación se aplica la cola sobre el marco en la zona que ocupa una tesela. También se untará con cola la base de la misma. Obsérvese que se han apartado las otras para que no queden enganchadas.

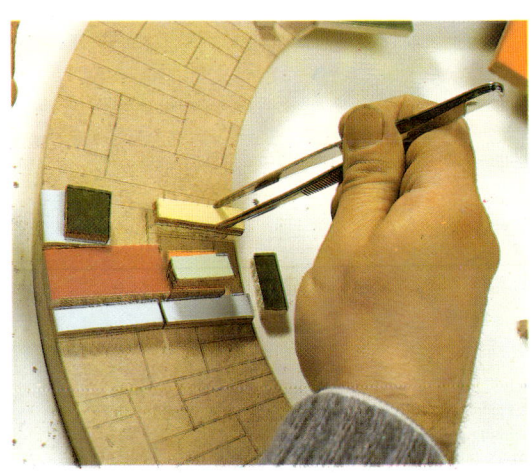

14 Con las pinzas, se coloca y aprieta la tesela en el marco. La colocación también puede efectuarse con los dedos.

16 Se continúan pegando teselas en el marco. Note el sobrante de cola en los bordes de las teselas colocadas. Estos restos de cola se quitan fácilmente con un cúter, cuando se han secado (entre 30 y 45 minutos).

15 Observe en este detalle como las teselas son de distintos gruesos.

Ya se ha cubierto la mitad del marco. Se notan, perfectamente, las junturas, limpias de cola.

17 En este detalle del troceador, observe como la línea de corte, por arriba, coincide con el punto de presión, por abajo.

18 Aplicación de la cola. Las teselas en el interior del círculo mantienen el mismo orden en que deben ser colocadas.

El marco cubierto en sus tres cuartas partes.

19 En un recipiente de plástico, se prepara la masilla para tapar las juntas (emplastecedor en polvo, colorante negro, cola blanca y agua). Se remueve prolongadamente hasta que la masa quede de color uniforme y sin grumos. Su consistencia debe ser la de una papilla espesa.

20 Se aplica la masilla con el pincel procurando que entre en las ranuras.

21 Para acabar de rellenar los desniveles entre las teselas, se aplica la masilla con la rasqueta

El marco terminado.

22 Con una esponja húmeda se limpia la masilla sobrante cuando empieza a endurecerse.

23 Con un trapo húmedo se repasa la superficie del mosaico para quitar los restos de masilla adheridos sobre las teselas.

24 A continuación se coloca el marco del revés y se sitúa el espejo en el anclaje, cubriéndolo con la placa de contraplacado.

25 Se sujeta la tapa con clavos, poniéndolos paralelamente a la superficie de la misma.

26 El marco del mosaico ha quedado terminado.

Baldosa con guijarros

La realización de una placa o baldosa con guijarros es uno de los trabajos en los que es necesario utilizar la colocación indirecta, aunque puede usarse, en algún caso, el sistema directo. Su preparación no ofrece problemas si se siguen los consejos dados. La cola hidrosoluble se preparará siguiendo las instrucciones del fabricante, y el mortero tal como se ha explicado en el apartado correspondiente. Una vez realizada la baldosa, debe mantenerse húmeda y dejar pasar 72 horas antes de manipularla.

Nota: Es conveniente escoger guijarros de colores variados para que el motivo formado por ellos destaque sobre el cemento. Si se utilizan guijarros blancos, puede teñirse el cemento, antes de preparar el mortero, con colorantes adecuados, para crear más contraste.

Necesitaremos:
* Materiales: guijarros, arena, cemento, cola hidrosoluble, gasa, tijeras, rejilla de alambre.
* Herramientas: cuezo, palustre y palustrillo, tenazas, tijeras para alambre, punzón, cepillo de púas metálicas, pincel, brocha y esponja.
* Método: colocación indirecta.

1 Se coloca un marco de madera sobre la mesa y se va llenando de arena seca, hasta la mitad del mismo.

2 Con una maderita como rasero, se iguala la superficie de la arena.

3 Se empiezan a colocar los guijarros, alineándolos por los lados.

4 Con el rasero se golpean, ligeramente, los guijarros para que se incrusten en la arena, hasta la mitad.

5 Con las tenazas se parten los guijarros más pequeños, que rellenarán la parte central.

6 Se disponen los guijarros más pequeños formando los motivos centrales

7 Con los guijarros partidos y con el corte hacia arriba, se va llenando la superficie, apretándolos suavemente con los dedos.

8 Se golpean los guijarros con el rasero plano, para dejarlos al mismo nivel.

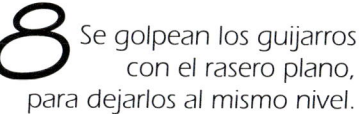

9 A continuación se prepara la cola hidrosoluble, mezclándola con agua.

10 Se coloca una tira de gasa con apresto, en el interior del marco y encima de los guijarros y con un pincel se aplica la cola hidrosoluble, que penetra hasta las piedras a través de la malla que forma el tejido.

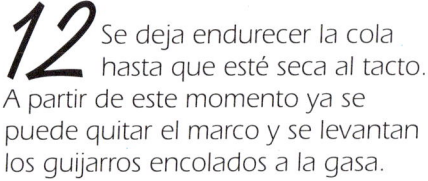

12 Se deja endurecer la cola hasta que esté seca al tacto. A partir de este momento ya se puede quitar el marco y se levantan los guijarros encolados a la gasa.

11 Primero se encolan todas las tiras de gasa, longitudinalmente y a continuación transversalmente, para que puedan aguantar perfectamente el peso de los guijarros.

Aquí se puede apreciar cómo quedan los guijarros volteados.

13 Con una brocha y el pincel se limpian cuidadosamente los intersticios de los guijarros, procurando que éstos no se desprendan.

14 Se forra un tablero con un plástico y encima se coloca el marco de madera. Se sellan totalmente con cinta adhesiva el marco y el tablero.

15 Se coloca con la gasa hacia abajo el mosaico en el interior del marco.

16 Con las tijeras adecuadas se corta la rejilla metálica, cuya superficie será un poco menor que la del interior del marco.

17 Se prepara el mortero en un cuezo. Tres partes de arena por una de cemento. Se mezcla en seco con el palustre añadiendo el agua necesaria.

19 Se coloca la rejilla sobre la primera capa de mortero. Luego con el mortero se termina de llenar el marco y, con el palustrillo de perfil, se textura la superficie.

18 Con el palustrillo se extiende la primera capa de mortero, ligeramente líquida, para que penetre mejor entre los guijarros.

20 Hay que dejarlo fraguar durante unas horas; después se coloca por encima un trapo humedecido, que ayudará a mantener la humedad, a la vez que producirá un mejor fraguado del mortero.

21 Pasados tres días, se quita el marco y se saca la baldosa. La misma agua del mortero hará que la gasa, untada con cola hidrosoluble, se levante y se desprenda con facilidad.

22 Con una esponja se limpia la cola que pueda quedar sobre los guijarros y el mortero.

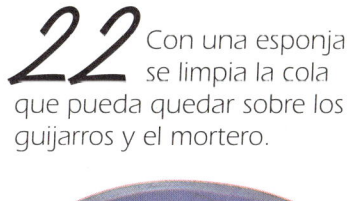

23 Para finalizar, con un cepillo de púas metálicas se rasca, suavemente, por encima de los guijarros, para que se desprenda el mortero incrustado en su superficie.

— BALDOSA CON GUIJARROS —

Macetero

En este ejercicio se plantea el mosaico sobre una superficie curva, por lo que es necesario trabajar con teselas pequeñas, para que se adapten perfectamente a la superficie, contorneando la pieza. A medida que la curva se hace más pronunciada, como en la parte de la base, las teselas deberán ser aún más pequeñas.

1 Se corta un rectángulo de papel de calco, de modo que contornee el perímetro del macetero y se sujeta con cinta adhesiva. Por encima se coloca el dibujo realizado a la misma medida.

2 Con un lápiz duro se calca el dibujo comprobando que éste quede traspasado al macetero. Resulta útil apuntar los nombres de los colores sobre la superficie.

Al principio, el macetero debe ser trabajado boca abajo, para que las teselas queden perfectamente adaptadas a la parte superior del mismo y así se va continuando hasta llenar toda la superficie superior. Los motivos que representan el campo y las montañas, deben trabajarse con el macetero puesto de lado, dejando que seque una zona, antes de comenzar la siguiente y así hasta terminar.

Recuérdese que un macetero, tal como su nombre indica, sirve para contener macetas y su interior debe estar esmaltado o impermeabilizado, de lo contrario la humedad, necesaria para las plantas, se filtraría por el interior y podrían despegarse las teselas.

3 Se gira el macetero colocándolo boca abajo, para enganchar la primera hilada de teselas. De este modo quedarán perfectamente alineadas con el borde de la pieza.

Necesitaremos:
* *Materiales:* macetero de cerámica, azulejos, cola blanca, masilla, colorante negro, cinta adhesiva, papel de calco.
* *Herramientas:* cortador y troceador, tenazas, piedra de amolar, pincel, esponja.
* *Método:* colocación directa.

4 Puede apreciarse como se han pegado las teselas que forman el fondo superior y los motivos incluidos en él.

5 Se continúa el ejercicio, cortando y encolando las teselas por zonas de color.

6 Con el macetero boca abajo se colocan las teselas que formarán la cenefa que cerrará el perímetro de la base.

7 El macetero está totalmente cubierto con las teselas y a punto de aplicar la masilla.

8 Ahora se prepara masilla y se añade colorante negro; se rejuntan las teselas con un pincel. Una vez endurecida, se limpia la masilla sobrante con una esponja húmeda.

9 El macetero está totalmente acabado.

Jarrón

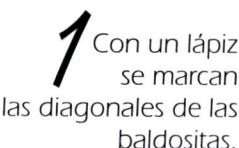

Para llevar a cabo este trabajo será necesario disponer de un jarrón bizcochado. (Pueden adquirirse en tiendas dedicadas a la venta de material de cerámica artística). En este caso se ha modelado un volumen de forma troncopiramidal, para que el ejercicio sea un poco más complicado. Si se quisiera cubrir un jarrón de forma cilíndrica, se seguiría el mismo proceso que el ejercicio del macetero, con teselas más pequeñas. Las teselas deben ajustarse perfectamente a las aristas, para que las otras solapen con exactitud. La utilización de pequeñas plantillas de papel o cartulina, ayudarán a la realización y ajuste de las mismas. Es un jarrón puramente decorativo, no debe llenarse con agua en ningún caso, puesto que su parte interna no está impermeabilizada.

1 Con un lápiz se marcan las diagonales de las baldositas.

2 Con el troceador se parten las baldositas en forma de triángulos.

3 Con la ayuda de la escuadra se delimita sobre el jarrón el espacio en el que estarán colocadas las teselas triangulares.

4 Se coloca un listoncito de madera (guía) y se unta el reverso de las teselas con cola blanca y también la superficie del jarrón, enganchándolas seguidamente.

5 Se procede de esta manera, hasta llenar, una a una, las caras del jarrón con las teselas triangulares.

En este momento el jarrón tiene dos caras acabadas.

6 Se continúa con la tercera cara. Obsérvese la colocación de los listoncitos que forman una escuadra y la ubicación de las teselas.

7 Terminadas las cuatro caras, se preparan y se comienzan a pegar las teselas del cuello del jarrón, que serán un poco más pequeñas.

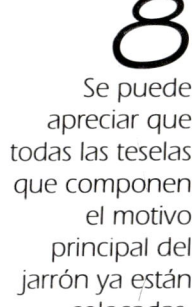

8 Se puede apreciar que todas las teselas que componen el motivo principal del jarrón ya están colocadas.

9 Se recortan, a continuación, las teselas azules que formarán el fondo, adaptándolas a la superficie del jarrón.

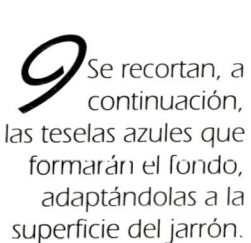

Necesitaremos:
* *Materiales:* jarrón modelado y bizcochado, baldositas de gres, azulejos azules, cola blanca, masilla y colorante azul.
* *Herramientas:* cortador y troceador, escuadra, pincel, rasqueta y esponja.
* *Método:* colocación directa.

10 Se encolan las teselas del fondo, hasta obtener una cara completamente acabada.

El jarrón con la parte inferior terminada.

11 Obsérvese el acabado de la arista, que debe efectuarse solapando las teselas de una cara a las de la cara anterior.

12 Llegados a este punto se marcan en el jarrón las diferentes teselas que compondrán la base del cuello.

13 A continuación se rellena el fondo de esta parte del cuello.

14 Para ajustar estas teselas con exactitud, se prepara una plantilla con un trocito de papel. Se coloca la plantilla sobre un azulejo y se marca con el rotulador para, seguidamente, cortarla y trocearla.

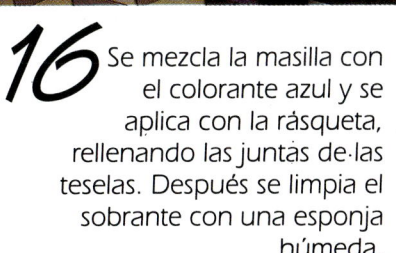

16 Se mezcla la masilla con el colorante azul y se aplica con la rásqueta, rellenando las juntas de las teselas. Después se limpia el sobrante con una esponja húmeda.

15 Ahora se preparan y sitúan las teselas que cubrirán el borde del cuello y se habrá completado el proceso de colocación de teselas.

El jarrón está terminado, hay que recordar que no debe llenarse con agua, pero sí es posible colocar ramas o flores secas.

Cenicero

La realización de un cenicero es un ejercicio que puede ofrecer varias posibilidades. No solamente en la colocación de las teselas, sino en su construcción o montaje a partir de dos baldosas de arcilla bizcochada, pegadas con un adhesivo de dos componentes. La utilización de las partes estriadas de las baldosas en la parte interior del cenicero, hace que las teselas queden perfectamente pegadas.

Para la confección de los reposa-cigarrillos, se ha utilizado un trozo de tubo de cobre, del que se han cortado dos cilindros de 3 cm, los cuales a su vez se han cortado por la mitad en sentido longitudinal.

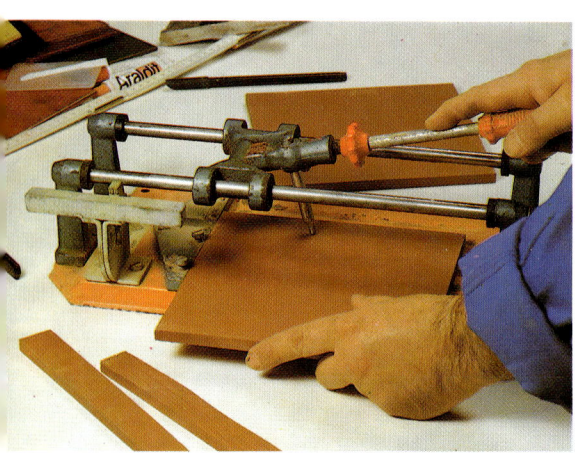

1 En una de las dos baldosas de arcilla bizcochada se marcan con el cortador las tiras que formarán los lados del cenicero.

2 Se trocea una de las tiras.

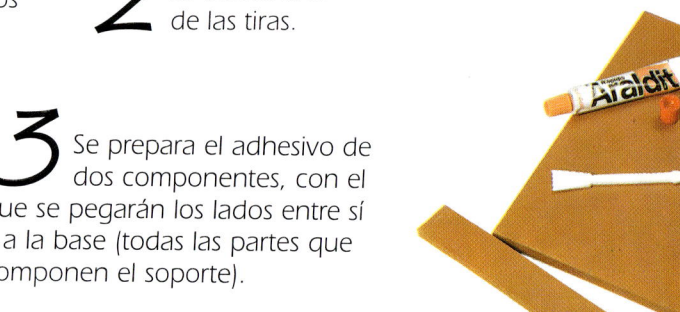

3 Se prepara el adhesivo de dos componentes, con el que se pegarán los lados entre sí y a la base (todas las partes que componen el soporte).

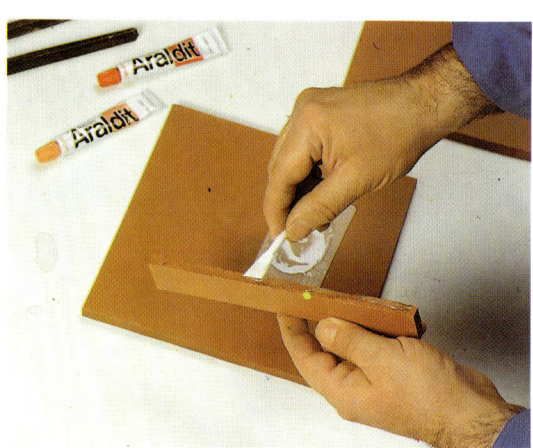

4 Con el adhesivo se unta uno de los lados, por la parte cortada, para que la superficie lisa quede en la parte superior.

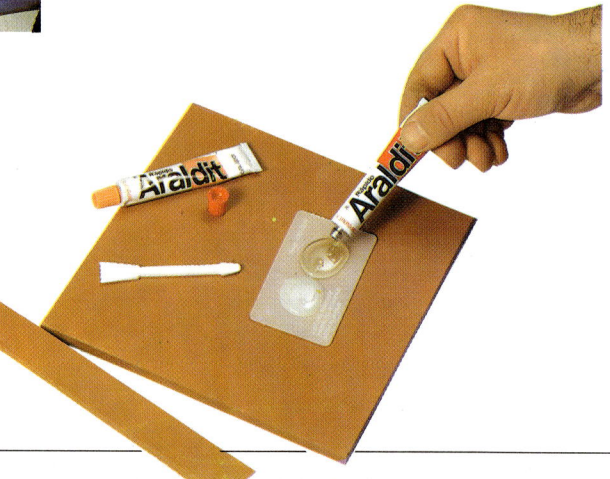

Necesitaremos:

* Materiales: baldosas bizcochadas de 20 x 20 x 1 cm, azulejos, adhesivo, cola blanca, tubo de cobre de 15 mm de diámetro, masilla y colorante negro.
* Herramientas: cortador y troceador, escuadra, tenazas, sierra de cortar hierro, lima, pincel y esponja.
* Método: colocación directa.

7 Se van colocando los lados, aguantándolos con unos taquitos de madera, que mantendrán su verticalidad, mientras el adhesivo se endurece (alrededor de 5 minutos).

5 Se coloca la primera tira, apretándola y manteniéndola unos segundos, para que quede bien sujeta.

6 Con ayuda de la escuadra se comprueba la perpendicularidad de este lado con respecto a la base.

La base del cenicero terminada.

8 Terminada la base, con rotulador se marcan las zonas donde irán las teselas de azulejos y se anotan los colores.

9 Se cortan y comprueban las primeras teselas, blancas y grises, colocándolas en seco.

10 Continuando con el proceso se colocan y encolan otras teselas.

11 Ahora toda la base del cenicero está cubierta por las teselas.

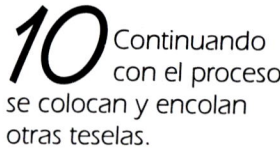

12 Se empiezan a colocar las teselas en uno de los lados exteriores. El listoncito de madera ayuda a alinear las teselas con la base.

13 En este momento ya sólo faltan las teselas que complementarán los cuatro lados y que solaparán a las otras. Colocadas éstas, se cubrirá el borde superior, dejando cuatro pequeños espacios para la colocación de los trocitos de tubo para los cigarrillos. Obsérvese la colocación de palillos para mantener las teselas en su lugar.

14 Antes de colocar la tesela, se presenta el tubo cortado que servirá de sujeta-cigarrillos.

El cenicero está terminado.

15 En este detalle se puede apreciar el hueco y el tubo utilizado, así como los trocitos del mismo, que servirán para aguantar los cigarrillos. Aún no es momento de pegarlos definitivamente.

16 Con masilla mezclada con colorante negro se rejuntan las uniones entre teselas. Seguidamente se pegan con el adhesivo los trocitos de tubo, en la misma posición que se han probado.

Marco rectangular

Vamos a realizar un mosaico con teselas de cerámica, que cubra un marco de madera de forma rectangular, del que previamente hemos preparado un proyecto coloreado. El diseño representa dos cenefas entrelazadas. Una de ellas con gamas de colores rojizos y la otra, azules. Todo el fondo está cubierto con teselas blancas, grises y amarillas de 15 x 15 x 4 mm.

Es un ejercicio relativamente sencillo, en el que es importante empezar con las teselas de las cenefas, que estarán cortadas íntegramente con las tenazas, mientras que las del fondo se cortarán con el cortador y el troceador de azulejos, y muchas de ellas recortadas, finalmente, con las tenazas para lograr, de esta manera, un ajuste más perfecto.

1 Se presenta el dibujo realizado en papel vegetal sobre el marco, junto con una fotocopia, simétrica, del diseño.

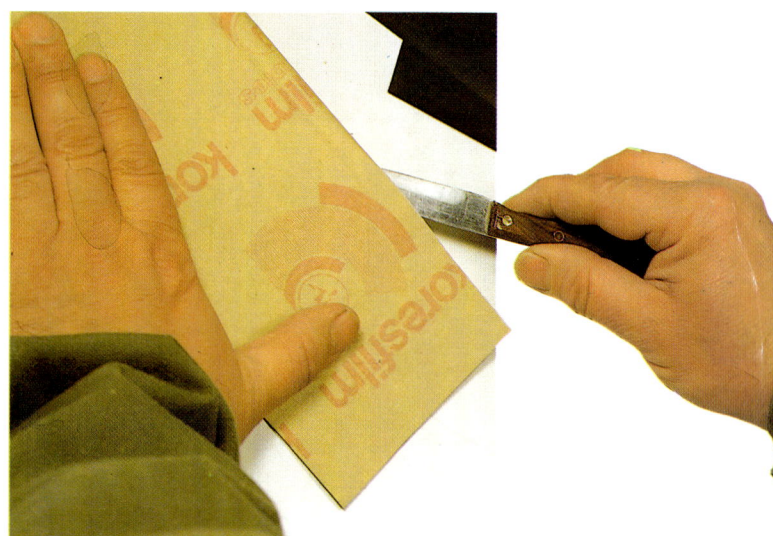

3 Se cortan tiras de papel de calco para colocar debajo de las fotocopias y encima del marco.

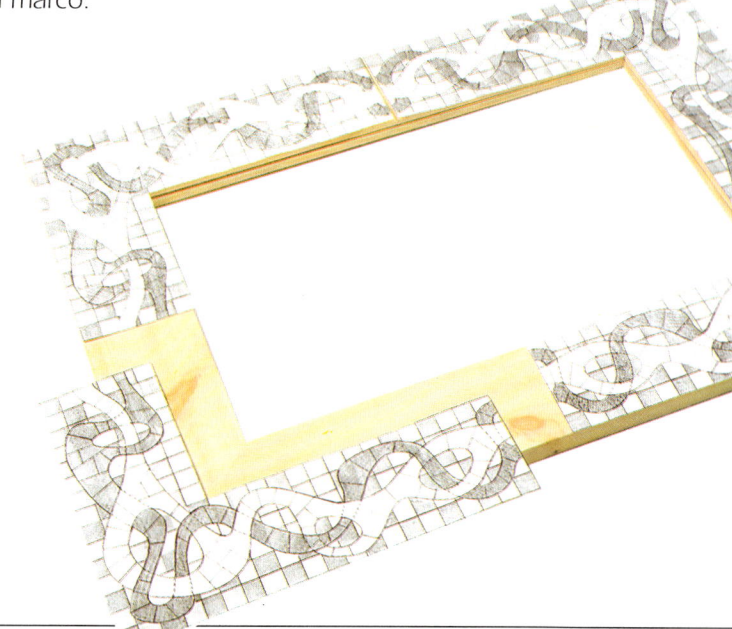

2 Se colocan las cuatro fotocopias sobre el marco. Estas fotocopias están realizadas, dos por el anverso y otras dos por el reverso del papel vegetal.

En la preparación del proyecto hemos dibujado una cuarta parte del marco, que mediante simetría especular cubrirá totalmente la superficie de la pieza. Luego hemos traspasado el dibujo a un papel vegetal y de éste hemos hecho cuatro fotocopias, dos por el anverso y otras dos por el reverso.

Necesitaremos:

* **Materiales:** marco de madera de 63 x 45 x 2 cm, azulejos de cerámica rojos, azules, blancos, grises y amarillos, papel vegetal, fotocopias, papel de calco, cinta adhesiva, cola blanca, emplastecedor, colorante ocre.
* **Herramientas:** cortador y troceador de azulejos, tenazas, piedra de amolar, pinzas, cúter, rasqueta, esponja, cepillo duro, brocha, pincel.
* **Método:** colocación directa.

4 Se sitúan sobre el marco el papel de calco y las fotocopias.

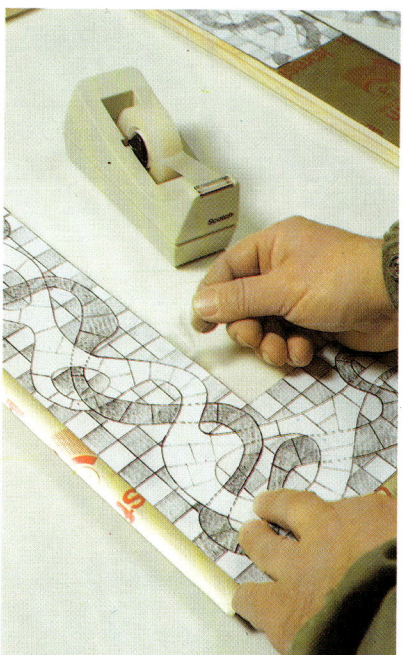

5 Se sujeta el papel de calco y las fotocopias, con cinta adhesiva transparente.

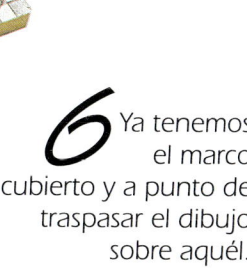

6 Ya tenemos el marco cubierto y a punto de traspasar el dibujo sobre aquél.

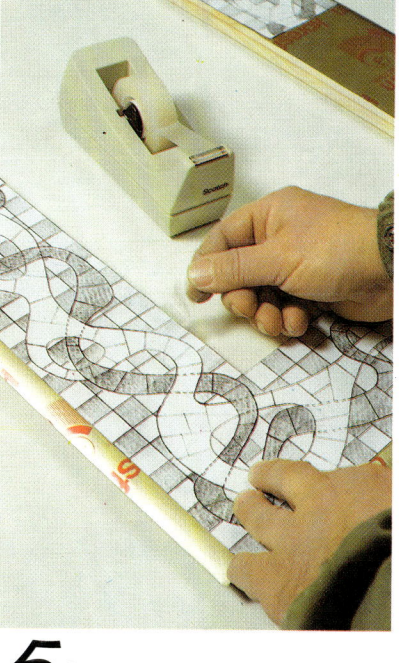

7 Con un lápiz duro, del nº 3 o 4, repasamos cuidadosamente el dibujo.

El marco totalmente dibujado.

Es conveniente guardar las teselas cortadas en recipientes y clasificarlas por colores.

8 Se comprueba el dibujo antes de quitar las fotocopias y el papel de calco.

Teselas marcadas sobre los azulejos, que seguidamente se romperán con el troceador.

9 Con el cortador, se marcan sobre los azulejos las teselas para la realización del mosaico.

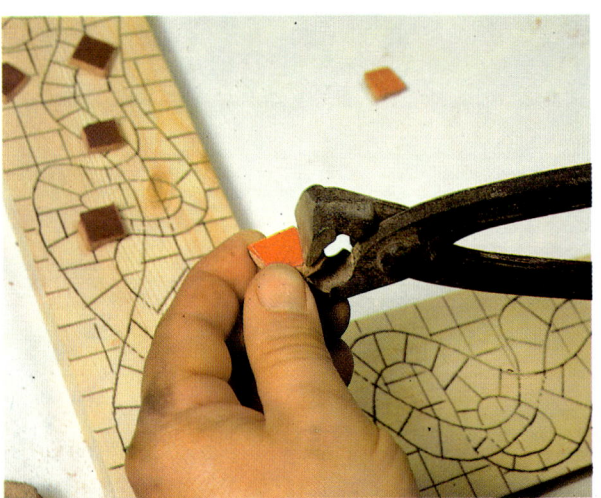

10 Se empieza a componer el mosaico, redondeando con las tenazas el perímetro de la tesela, para darle la forma deseada.

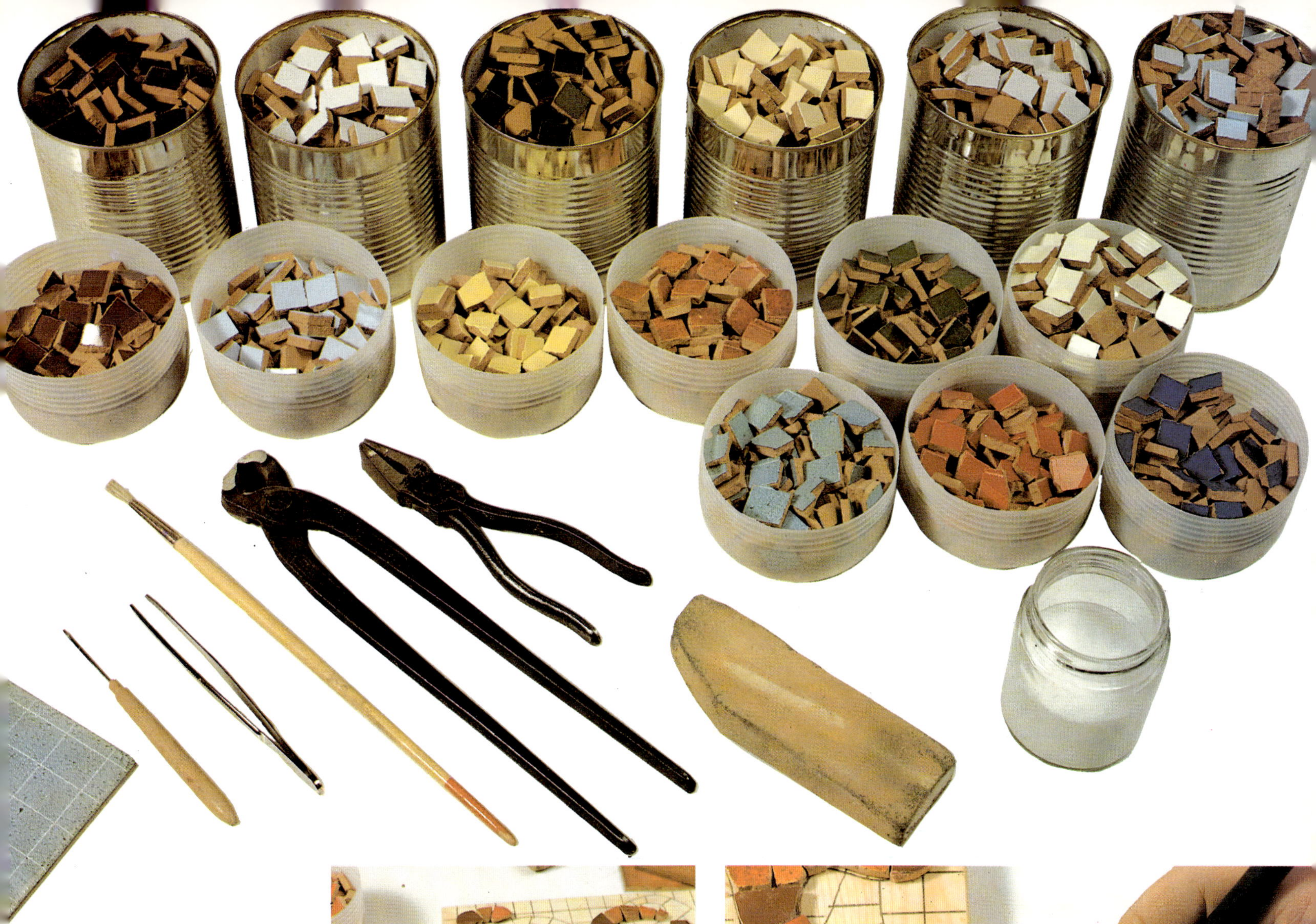

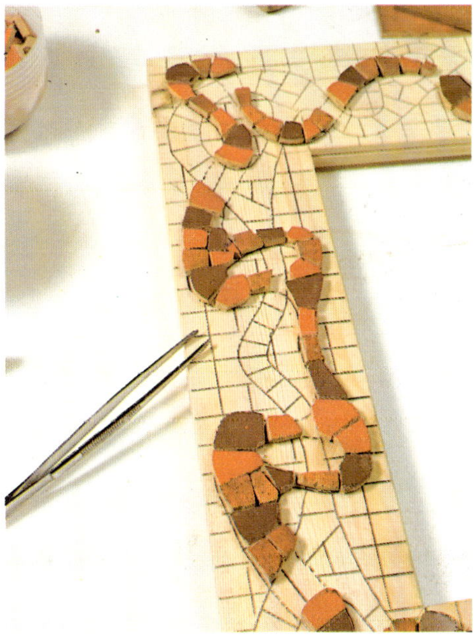

11 En primer lugar se prepara la cenefa de tonos rojizos. Se puede empezar por ésta o por la otra, indistintamente, dejando para el final todo el fondo.

12 Detalle de las teselas colocadas, sin encolar, sobre el marco.

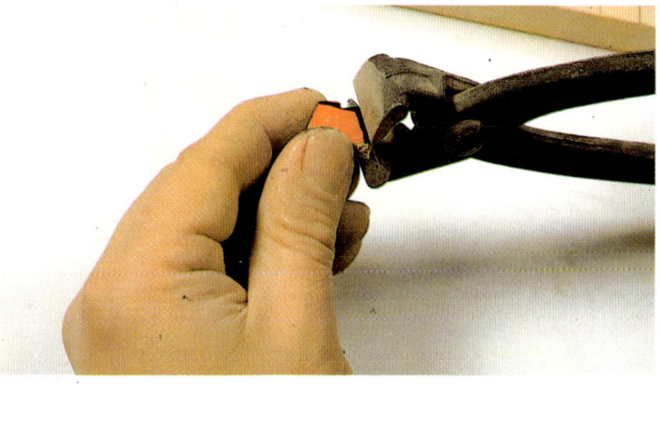

13 Se marca con un rotulador la línea de corte, en una tesela.

14 Se corta con las tenazas por la línea marcada anteriormente.

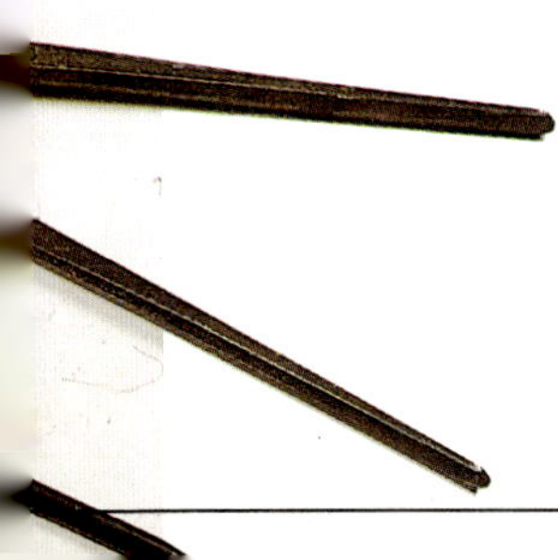

— MARCO RECTANGULAR —

— 299 —

 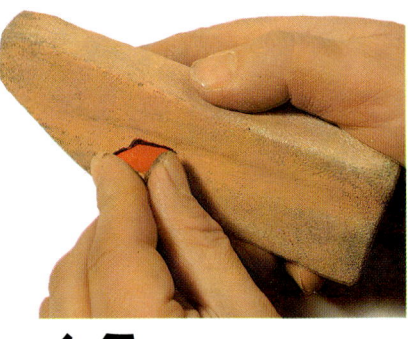

15 Con la piedra de amolar se afinan los bordes dejados por las tenazas.

16 Se sitúa la tesela en su lugar.

17 Se empieza a encolar. Primero se encola el marco y luego el reverso de la tesela.

18 Se coloca la tesela en su lugar y se aprieta con las pinzas, para que quede bien enganchada.

19 Teselas encoladas. Obsérvese que la cola sobresale por los lados.

Es importante ser generosos con la cola, porque de esta manera penetra por todos los intersticios de las teselas, enganchándolas a la madera y entre ellas.

20 Se comienza la cenefa de tonos azules colocando las teselas en seco.

Vista general de la cenefa rojiza encolada totalmente.

Vista de la colocación de la cenefa azul. Este diseño permite la elaboración de las distintas partes de manera independiente.

Las dos cenefas terminadas y encoladas.

23 Por la parte exterior del marco, se clava un listón de madera, un poco más alto que aquél, para que las teselas exteriores se mantengan perfectamente alineadas.

21 Ahora, se preparan y colocan las primeras teselas que formarán el fondo del marco.

Nótese que, para esta zona del marco, utilizamos aquellas teselas que forman los lados del azulejo, puesto que tienen un canto liso.

Detalle de la colocación del marco y de las teselas que forman el fondo.

22 Se colocan en seco las teselas que cubrirán la parte exterior del marco.

24 Ya se han clavado los cuatro listones alrededor del marco. Todas las teselas están colocadas en seco.

25 Se colocan los listones interiores, que no están clavados: los dos de mayor longitud aguantan a los otros dos menores, y aquéllos, a la vez, se sujetan con el listón central. Estos listones, también están encerrados.

26 Después de colocar los listones que contornean la parte interna del marco, se termina de llenar el fondo.

27 Se empiezan a encolar las teselas del fondo.

28 Se coloca la última tesela, encolada.

29 Después de haber encolado totalmente el fondo, se limpia la cola sobrante con la hoja del cúter.

31 Con la rasqueta se aplica la masilla, procurando que ésta penetre por las juntas de las teselas.

30 Una vez quitados los listones de madera, se prepara el emplastecedor para rellenar los huecos entre las teselas, añadiendo colorante ocre. Se mezclan los componentes en seco hasta que quede el color uniforme y se añade agua hasta lograr una pasta homogénea.

32 Cuando han pasado entre 30 y 40 minutos, hay que limpiar la masilla sobrante con el cepillo.

33 Seguidamente se continúa limpiando con la esponja humedecida.

El ejercicio está finalizado. El espejo refleja una escultura del autor, realizada en escayola patinada.

34 Después de pasar la esponja, se repasan las juntas con la parte plana de la hoja del cúter.

35 Finalmente, con la brocha, se quitan los restos de masilla sacados con el cúter y se vuelve a pasar la esponja húmeda por encima del mosaico.

36 Finalizado el mosaico, se coloca el espejo por la parte posterior del marco, aguantándolo con listones clavados en el marco.

Mural

La realización de murales es uno de los trabajos más complejos que pueden realizarse en mosaico, especialmente porque deben ajustarse perfectamente todas las partes que lo componen.
En este caso se ha trabajado un motivo como un mural independiente y que puede colocarse directamente sobre la pared; en realidad, éste no es más que un fragmento de un mural más grande, realizado por el autor.

1 Se prepara una plancha de arcilla, sobre un tablero cubierto con una lámina de plástico, que constituirá la base donde se realizará el mosaico. Esta plancha se prepara con dos listones, que marcarán el grueso y un rasero.

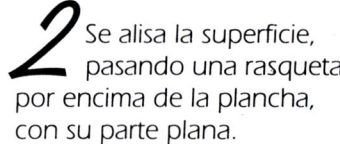

2 Se alisa la superficie, pasando una rasqueta por encima de la plancha, con su parte plana.

3 Se coloca una lámina de plástico transparente cubriendo la plancha y por encima el dibujo a escala real, aguantándolo con pesos.

4 Con un lápiz duro se repasa el dibujo para que quede marcado en la arcilla. Con un punzón se repasa el dibujo.

5 Colocación de las primeras teselas, formando el pico, cabeza y cuello del pájaro, apretándolas con los dedos.

6 Sobre un azulejo colocado contra las teselas, con un rotulador se marca la zona que hay que cortar.

7 Con las tenazas, se recorta la forma de la tesela, marcada en el paso anterior.

Necesitaremos:

* *Materiales:* arcilla ferruginosa, plásticos, azulejos, cola hidrosoluble, arena, cemento, masilla, colorante negro, listones de madera y clavos, cinta adhesiva, rejilla metálica, trapos, papel vegetal y de embalar.
* *Herramientas:* cortador y troceador, tenazas, pulverizador, rasquetas, tijeras, martillo y clavos, escuadra, punzón, cuezo, palustre y palustrillo, esponja, brocha y pincel, cepillo duro, metro plegable.
* *Método:* colocación indirecta.

Ya está el dibujo inciso sobre la plancha de arcilla.

8 Con un listoncito se nivelan las teselas.

Aprecie el proceso de colocación de las teselas.

9 Con el pulverizador se humedece la plancha de arcilla, para evitar que se endurezca.

10 Se coloca un papel vegetal sobre el dibujo de las patas y se calca por transparencia.

11 Sobre un azulejo de color que se corresponda con el de la pata, se sitúa un papel de calco.

12 Continuando con el paso anterior, se calca el dibujo sobre el azulejo, dibujando con un lápiz duro.

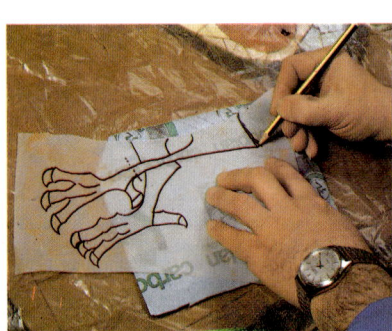

13 Con el rotulador se repasa este dibujo, para que quede bien marcado. Se recorta la forma de la tesela con las tenazas.

— 308 —

14 Ya se ha formado una de las patas del pájaro.

El trabajo con el pájaro y la base terminados.

15 Acabadas las patas, se dibuja sobre la superficie de la plancha la zona que delimitará la base. Como estas teselas se han preparado con azulejos de mayor grosor, se rebaja, con la rasqueta, la superficie de la plancha, para que aquéllas queden al mismo nivel de las otras.

El trabajo con el fondo comenzado.

16 Colocación de las primeras teselas cuadradas que cubrirán el fondo. Obsérvese el listón lateral para alinearlas verticalmente, así como el otro listón y la escuadra para la alineación horizontal.

17 Se ha terminado de llenar la plancha con las teselas.

18 Se unta el papel de embalar con cola hidrosoluble. También la superficie del mosaico.

19 Se coloca el papel sobre el mosaico y se aprieta suavemente con las manos.

20 Se prepara otra hoja de papel y se encola sobre la primera.

Materiales que se van a utilizar en esta fase del trabajo.

21 Se pasa un cepillo por toda la superficie del papel, para que queden bien enganchados y se deja secar unas 24 horas.

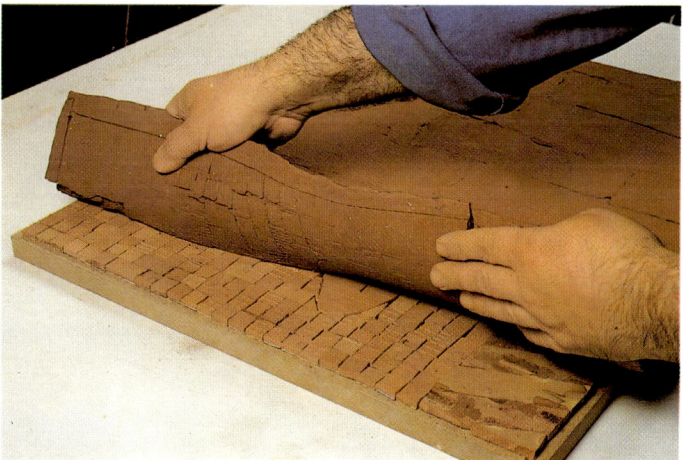

22 Se coloca un tablero sobre el mosaico y se da la vuelta a todo el trabajo. Seguidamente se va levantando la plancha de arcilla. Debe procurarse que no se arranque ninguna tesela y si así pasara, debe colocarse inmediatamente en su sitio.

El mosaico por el reverso.

23 Se prepara con listones el marco de madera, que servirá de encofrado. Con la escuadra se comprueba la perpendicularidad de los listones.

Después de clavar los listones, se sella todo su perímetro con cinta adhesiva.

Se necesita una rejilla metálica que se recorta para que ocupe, prácticamente, toda la superficie del mosaico.

25 Se coloca la rejilla metálica sobre la primera capa de mortero.

24 Se prepara el mortero y se hecha sobre el mosaico, procurando que penetre por las juntas, con la ayuda del palustrillo.

27 La superficie se ha alisado primero, con un listón largo, pasándolo horizontalmente, después se marcarán unas incisiones con ayuda de un cuchillo; el mismo listón hará de guía.

26 Se vuelve a echar mortero hasta rellenar todo el encofrado.

Ya tenemos la superficie totalmente texturada.

28 Sobre el mortero debe colocarse un trapo mojado, para que aquél mantenga mejor la humedad, que ayudará a un mejor fraguado.

29
Se voltea el mosaico y se sacan los listones. Después se va levantando el papel de embalar, que se despegará con facilidad.

El mosaico con el papel de embalar parcialmente levantado.

30
Se limpia la superficie del mosaico con una esponja húmeda, para quitar los restos de cola.

El mosaico terminado.

Otro sistema:

sería aquel que, a partir de la colocación del papel soporte y una vez esté seco, estaría en condiciones de trasladarse directamente al muro donde quedaría ubicado.

En este caso, debería eliminarse totalmente el mortero de la pared, hasta llegar a los ladrillos.

A continuación se mojarían aquéllos y se aplicaría una capa de mortero que se texturaría y, sobre esta capa, se colocaría el mosaico sujeto al papel, que se engancharía con otra ligera capa de mortero o de cemento cola, apretándolo fuertemente para que quedara bien sujeto. Se continuaría así hasta cubrir toda la superficie del mural.

Finalmente y después que fraguara el mortero, se levantaría el papel, procediendo como se ha explicado en el paso a paso.

31 Se prepara la masilla con colorante negro y con la rasqueta se rellenan las juntas.

32 Se deja endurecer un poco la masilla y se limpia, primero con una esponja y después con un trapo húmedo.

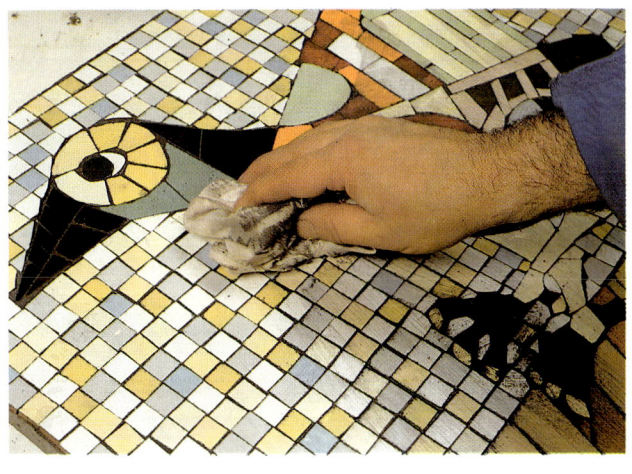

GLOSARIO

Aglutinante: material utilizado para unir los pigmentos o polvos metálicos.

Anilina: tinte de colores muy intensos, de alto poder colorante, que suele emplearse sobre el papel, el plástico o el metal.

Apresto: solución que se da a los tejidos para conferirles rigidez.

Arcilla: polvo de aspecto terroso proveniente de roca sedimentaria, que se usa en alfarería y para la cerámica.

Armonía: conveniente proporción y correspondencia de unas partes con otras, integrando todo un conjunto.

Arpillera: tejido de fibra de yute o de estopa de cáñamo, que se utiliza en las telas de saco y en tapicería. Es también muy estimado por los pintores como soporte.

Betún de Judea: material que se encuentra en el subsuelo y se origina por la descomposición de materiales orgánicos. Su pigmentación de tono pardo o sombra de Venecia es muy útil para oscurecer las piezas.

Bizcochada: pieza de cerámica que ha sido horneado una sola vez y está desprovisto de barniz.

Bramante: hilo o cordel hecho de cáñamo.

Buril: herramienta de grabador que se emplea para perfilar detalles.

Cincel: herramienta de acero de boca recta y doble bisel, utilizada para labrar, a golpe de martillo, la piedra y también los metales.

Colocar en seco: que no precisa cola, adhesivos ni mortero.

Decolorada: que se ha quitado o rebajado el color o las sustancias colorantes de un objeto.

Disolvente: sustancia que usa para diluir las pinturas y limpiar los pinceles.

Emplastecer: aplicar la masilla o el emplastecedor.

Entallas: cortes en una pieza de madera para ensamblarla con otra.

Esgrafiado: resulta de trazar dibujos con un garfio o un punzón, haciendo saltar en ciertos puntos la capa superficial, para dejar al descubierto la capa inferior de distinto color.

Haz: porción atada de mieses, lino, hierbas u otros elementos. También, conjunto de rectas que pasan por un punto común.

Imprimar: preparar una superficie sobre la que se debe pintar.

Junta: espacio entre las teselas.

Maceta: mazo pequeño de cabeza de hierro engastada en un mango de madera.

Masilla: pasta, preparada o no, que se compone, generalmente, de polvo de yeso y un aglutinante y que sirve para tapar las juntas entre las teselas.

Mella: rotura o hendidura en el filo de una herramienta.

Molde: pieza hueca en cuyo interior se deposita una materia para que adquiera la forma de ésta.

Mordiente: sustancia con la que se recubre un objeto que se quiere dorar o platear.

Mortero: mezcla de arena, cemento y agua.

Moshi: placa esponjosa de color verde, que se utiliza en floristería para hincar los tallos, manteniéndolos sujetos.

Mural: obra sobre un muro o pared, independientemente de la técnica con la que esté realizada.

Oxidación: transformación de un cuerpo por la acción del oxígeno o de un oxidante.

Pan de oro: finas láminas de oro que se utilizan para dorar o policromar una superficie aplicándolas sobre un mordiente mediante un pincel llamado polonesa, o con las manos.

Papel vegetal: papel transparente de gran resistencia que se utiliza para calcar y dibujar.

Papiroflexia: técnica que consiste en reproducir figuras plegando una hoja de papel.

Pátina: capa superficial que se da a los vaciados de escayola para cambiar su apariencia.

Piedra de amolar: que se utiliza para afilar o afinar los objetos cortantes o punzantes.

Punta roma: de punta redondeada.

Rasero: objeto de madera u otro material que se utiliza para rasar (igualar) una superficie.

Retícula: que tiene forma de red, compuesta por dos haces de líneas paralelas entre sí, que se entrecruzan perpendicularmente.

Selladora: tipo de pintura utilizada para tapar los poros del material.

Soporte: cualquier elemento que sustenta a otro.

Tenaza: herramienta de metal, compuesta por dos brazos móviles, trabados por un eje.

Tesela: cada uno de los paralelepípedos de piedra, mármol, vidrio, cerámica, cemento, etc., usados en la realización del mosaico.

Textura: orden y disposición de la fibra de un material que determina el grado de acabado de la superficie de la pieza y la sensación que produce al tacto.

Vaciado: figura obtenida con un molde hueco.

Vástago: parte tierna de un ramo, que incluye el tallo y las hojas.